一本书读懂绩效管理

褚绍峰 杨爱喜 著

中国经济出版社
CHINA ECONOMIC PUBLISHING HOUSE
·北京·

图书在版编目（CIP）数据

一本书读懂绩效管理 / 褚绍峰，杨爱喜著 . -- 北京：中国经济出版社，2021.6（2022. 3 重印）

ISBN 978-7-5136-6485-1

Ⅰ . ①一… Ⅱ . ①褚… ②杨… Ⅲ . ①企业绩效 - 企业管理 Ⅳ . ① F272.5

中国版本图书馆 CIP 数据核字（2021）第 107876 号

责任编辑 张梦初 陈宇慧
责任印制 巢新强
封面设计 任燕飞设计公司

出版发行 中国经济出版社
印 刷 者 北京柏力行彩印有限公司
经 销 者 各地新华书店
开 本 710mm × 1000mm 1/16
印 张 14.75
字 数 200 千字
版 次 2021 年 6 月第 1 版
印 次 2022 年 3 月第 2 次
定 价 78.00 元
广告经营许可证 京西工商广字第 8179 号

中国经济出版社 **网址** www.economyph.com **社址** 北京市东城区安定门外大街 58 号 **邮编** 100011

本版图书如存在印装质量问题，请与本社销售中心联系调换（联系电话：010-57512564）

前 言

Preface

近年来，随着企业界的管理思想越来越成熟，绩效管理逐渐登上舞台，引起了广泛关注。简单来说，绩效管理是指各级管理者和员工为了达到组织目标共同参与的绩效计划制订、绩效辅导沟通、绩效考核评价、绩效结果应用、绩效目标提升的持续循环过程，其目的是不断提升个人、部门和组织的绩效。具体来看，绩效管理的内涵非常丰富。

首先，绩效管理管理的是企业实现绩效目标的路径，可以推动企业的管理思想与业务策略稳步落地。企业绩效管理有一个非常简单的逻辑，即“要什么就考核什么，考核什么就激励什么，激励什么就会得到什么”。在这个逻辑中，“要什么”是核心。企业明确“要什么”就相当于厘清了业务发展思路，搭建起了绩效考核框架，为绩效目标的实现、企业管理思想与策略的落地奠定了良好的基础。

其次，绩效管理管理的是执行力，可以让员工统一思想，明确目标，共同奋斗。在企业管理中，“遇事退缩”“遇到责任相互推诿”“反复强调的工作一直无法落实”等情况屡见不鲜，这些都是执行力差的典型表现，而导致这些问题出现的根本原因在于沟通不畅。因为沟通不畅，员工会存在不了解考核方案的具体内容，不明确自身的工作职责，不理解公司的业务策略等情况。绩效管理可以通过上下级频繁的、无障碍的沟通，让员工对公司发展方向、业绩目标、自身工作目标等产生清晰认知，同时让管理者及时发现问题，通过共同分析、查找偏差、重申要求、内部对标、促进交流等实现思想统一、行动一致。

再次，绩效管理管理的是团队，可以促使员工更好地成长与发展。企业绩效水平的提升、战略目标的实现离不开员工的努力，所以，绩效管理的主要目标表面上是“业务”，实则是“人”。因为只有提升员工的业务能力与绩效水平，培养一个积极向上、执行力强的优秀团队，企业的绩效目标才能实现。因此，通过绩效管理，对能力不同的员工进行奖罚，为遇到问题的员工提供指导与帮助，组织能力较差的员工参与学习与培训等，可以全面提升员工的水平与能力。

最后，绩效管理管理的是企业文化，有利于在企业内部形成公平公正、团结友爱、勤奋敬业的工作氛围，培养员工迎难克艰、有担当、不推诿、不抱怨、勇往直前的优良品质，增强员工的凝聚力，让员工为了实现企业发展目标而积极进取、共同努力。企业文化的培养可以说是企业绩效管理的最高境界。

由此可见，绩效管理对企业来说意义重大，但做好绩效管理并非易事。在实践过程中，很多企业将绩效管理与绩效考核相混淆，导致绩效管理出现了很多问题，无法达到预期效果。其实，绩效管理是一项系统工程，需要接受专业的指导。

《一本书读懂绩效管理》从绩效管理实战解析、战略绩效管理体系、绩效管理流程实战、绩效考核指标设计、绩效考核量化、绩效管理与薪酬激励、各岗位绩效管理与考核七大角度切入，对绩效管理的内涵与误区进行深入探讨，带领读者明晰企业绩效管理的流程与落地策略，带给读者最具实用性的技巧与方法。本书逻辑清晰、结构完整、内容丰富、语言简练，以丰富的图表降低了理解难度，不仅适合企业管理者、人力资源行业的从业者、企业管理领域的研究者阅读，还适合普通员工、普通读者翻阅。

本书导读：

第1章：绩效管理实战解析。本章对绩效管理的内涵、发展、问题及误区进行了深入探讨，并结合某公司绩效管理的实践案例对绩效管理落地的策略进行深度剖析，让读者初步理解绩效管理。

第2章：战略绩效管理体系。本章对战略绩效管理的相关内容进行初步解读，包括战略绩效管理的目标、内容与问题，战略目标的制定与管理、绩效管理常用的六种表格工具、绩效沟通与反馈策略等，对战略绩效体系设计步骤进行重点探讨，带给读者有益启示。

第3章：绩效管理流程实战。绩效管理流程比较复杂，具体包括绩效计划的制订、绩效辅导与沟通、绩效考核与评价、绩效反馈与面谈四个环节。本章对这四大环节进行深度剖析，提炼出一系列实用性的策略、方法、步骤、技巧与流程，让读者能够拿来即用。

第4章：绩效考核指标设计。本章对绩效管理与绩效考核的区别进行详细论述，对绩效指标体系的创建和绩效指标权重的分配与设计进行全面剖析，提炼出许多实用的原则、工具与方法，手把手教读者分解绩效考核指标，建目标卡与指标库，提炼岗位绩效考核指标等。

第5章：绩效考核量化。本章对绩效考核常用的四种方法进行分析，分别是关键绩效指标法、目标与关键成果法、日标管理考核法、360°绩效考核法，总结出一系列实用的技巧与方法，并与具体案例相结合，对这些方法在具体场景的应用进行深入探讨。

第6章：绩效管理与薪酬激励。薪酬激励是企业常用的一种激励手段。本章对薪酬激励的作用、企业薪酬体系的设计与管理、绩效薪酬设计原则、薪酬激励管理策略、绩效工资设计实战等进行全面分析，为读者提供最实用的薪酬设计策略与方法。

第7章：各岗位绩效管理与考核。企业要面对不同的岗位采取不同的绩效管理方案，本章以企业比较典型的四个岗位（研发岗位、行政岗位、财务岗位、销售岗位）为例，对各岗位绩效管理的内容与策略、绩效考核指标的设计、绩效考核体系的实施等进行全面分析。

目 录

Contents

2 战略绩效管理体系

3 绩效管理流程实战

5 绩效考核量化

6 绩效管理与薪酬激励

7 各岗位绩效管理与考核

1 绩效管理实战解析

1.1 正确认识绩效管理

1.1.1 绩效管理的概念及其内涵

提高绩效是所有企业追求的重要目标，而绩效管理更是人力资源管理中的一大核心组成部分。美国管理学家奥布里·丹尼尔斯（Aubrey Daniels）于20世纪70年代提出了绩效管理的概念，认为其内涵主要是指通过改变员工行为来提高企业绩效；到20世纪80年代后期，绩效管理理论得到了进一步丰富与完善，在企业界人力资源管理领域得到广泛应用。

诸多实践案例证明了绩效管理对提高人力资源管理的价值。在此情况下，绩效管理应该得到每一家企业的高度重视，是企业持续增长的必然选择。

市场环境变化会对企业发展产生深刻影响。人力资源绩效管理是对以往企业内部沟通过程的进一步延伸。在企业日常经营与发展的过程中，企业管理人员与普通员工建立某种协议，保证企业绩效管理正常推行，通过这种方式明确企业后续发展的相关工作，促进企业管理者与工作人员之间的沟通交流。

◆绩效管理的概念与内涵

绩效管理可以理解为一种促进企业持续成功的战略和综合性方法，其实现方式包括提高员工绩效以及团队整体能力与团队中个体的能力。具体而言，绩效管理是对人力资源管理绩效实现过程要素进行管理，服务于企业自身的发展战略、人力资源战略等战略规划，通过建立企业战略、战略目标分解及绩效考核评价，将绩效成果应用于企业人力资源管理活动，激励员工持续改善自身业绩，助力企业实现组织战略与目标。

绩效管理以员工为中心，通过建立完善的绩效管理系统，解决传统人力资源管理绩效考核方式单一等问题，帮助组织成员制订更科学的绩效计划，为员工实现绩效目标提供有效指导，保证绩效考核的公平性与公正性。绩效管理是一系列基于特定绩效目标进行员工管理活动的集合，其主要目的就是推动组织长期稳定发展。科学的绩效管理可以让员工的活力与创造力得到充分发挥，在促使员工自我发展的同时，推动组织绩效持续提升。

人力资源绩效管理理论在发展初期，并未确立绩效考核与评价的相关机制，对实践案例的逐一分析使该理论的研究取得了一定的成果。对此，有业内人士认为，人力资源绩效评价是一种静态的、独立的、单一的工作，采用该评价方式的企业能够提高自身的管理水平。

我们可以将企业绩效管理划分为组织层面、部门层面及员工个人层面的管理。其中，组织成功的内涵、涉及的因素以及对这些因素进行的量化处理，属于组织层面的绩效管理工作；组织成功中包含的部门描述、涉及因素与关键绩效指标属于部门层面的绩效管理；个人成功的内涵、涉及因素与关键绩效指标属于个人层面的绩效管理。

◆绩效管理系统的基本流程

绩效管理系统包括绩效计划、绩效施行、绩效考核、绩效反馈四大基本流程，从控制论角度出发，整个绩效管理过程是一种控制系统。在该系统中，绩效因果链（包括员工、部门、组织三大类）的上一环节对下一环节进行控制。为此，部分业内人士将绩效管理系统称为因果链控制系统。

绩效管理应该具备明确的预期结果，也就是绩效管理预期目标；而要判断是否达成该目标，应该进行绩效评估；在评估绩效前，需要开展绩效沟通；而在绩效沟通前，又应该建立完善的绩效评估指标体系，这是沟通时的“标准语言”。从因果关系角度看，绩效评估指标体系是绩效沟通的因，绩效沟通是绩效评估的因，绩效评估是绩效反馈的因，绩效反馈又是下一轮绩效评估指标体系的因。

环境因素也是绩效管理过程中的重要因素，它包括企业内部因素与企业外部因素，前者包括组织成员工作场景、物理条件（温度、噪声、灯光、通风等）、项目特征、岗位特征、上级的管理风格、组织架构、企业文化与价值观等，后者包括宏观经济状况、市场竞争、社会政治、法律法规等。

1.1.2 我国绩效管理的发展历程

绩效管理理论在我国已经经过了20多年的发展。在此期间，有很多业内人士对该理论进行了分析与探讨，比如对企业的绩效管理方式和企业文化进行了分析。从理论层面进行分析，人力资源绩效管理有科学理论为指导，以分层处理的方式实施企业管理，可以分为管理目标制定、管理计划、管理评估、绩效交流等环节。从企业自身的角度来看，人力资源绩效管理方式与企业发展之间存在某种关联，绩效管理能够体现企业采用的管理方式，并且能够对企业发展产生重要影响。

20世纪80年代以来，企业在实施管理的过程中会将企业文化考虑在内。近年来，企业文化在企业管理中的应用变得越来越普遍，被纳入企业人力资源绩效管理当中。现如今，越来越多的企业开始围绕知识资本展开激烈竞争。企业在发展过程中要为员工树立正确的价值观，促使员工从全局出发考虑问题，在企业内部建立共同的价值观。

总体来看，我国企业绩效管理的发展经历了三个阶段，如图1–1所示。

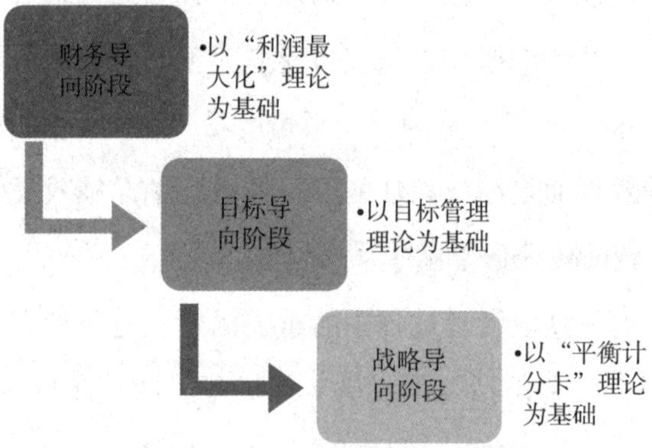

图1–1　我国企业绩效管理发展的三个阶段

第一阶段：财务导向阶段。该阶段的理论基础是“利润最大化”，企业绩效管理的重点在利润方面，所以这种企业绩效管理又称为“财务型”绩效考核管理，只能反映结果，无法反映过程，无法对驱动因素做出科学评价，更无法推动企业战略落地。

第二阶段：目标导向阶段。该阶段的理论基础是彼得·德鲁克的目标管理，所以这一阶段的企业绩效管理又称为“目标型”绩效管理。

第三阶段：战略导向阶段。该阶段的理论基础是“平衡计分卡”，企业将关注重点放在了社会责任与员工发展领域，强调企业内外实现协调发展，所以，这一阶段的企业绩效管理又称为“战略型”绩效管理。

“战略型”绩效管理是企业绩效管理的发展趋势，所以，绩效指标可以参考企业战略设定，借这种能充分体现战略思想的绩效指标激发员工工作的积极性，推动企业战略全方位落地，让员工不要过度关注眼前利益，而是将关注重点转向长期目标。

1.1.3 企业绩效管理存在的问题

虽然绩效管理已经在企业中实现了广泛应用，但在实际应用过程中，受管理人员认知水平有限、管理者与员工沟通不顺畅等因素的影响，企业绩效管理存在很多问题，具体表现在六个方面，如图1-2所示。

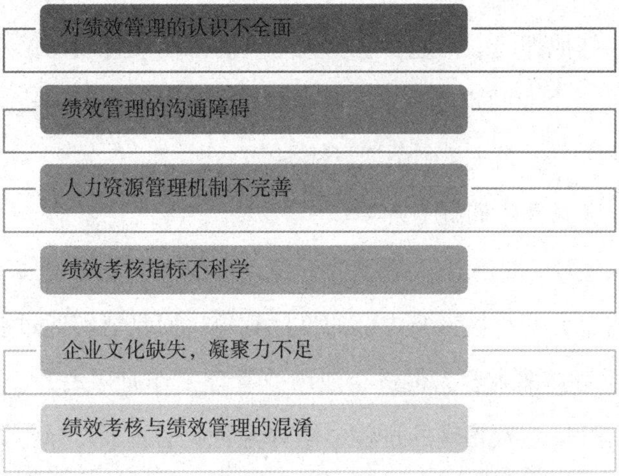

图1-2 企业绩效管理存在的六大问题

◆对绩效管理的认识不全面

要促进人力资源管理工作的实施，就要正确认识人力资源绩效管理。但现阶段，很多企业在经营与发展过程中缺乏对绩效管理工作的全面认识，在其发展过程中没有深入实施绩效管理，缺乏有效的人力资源绩效管理计划，无法在实践过程中进行完善。从企业员工的角度来看，很多企业实施的绩效管理都停留在浅层次上，例如员工只需在月底或年底向部门递交自己的绩效考核表单，从而导致企业无法获得全面的绩效评价信息。此外，企业在实施人力资源绩效管理时，缺乏对企业发展目标的层次化管理，无法对相关工作进行具体分配，无法保证人力资源绩效管理工作真正落地执行。

◆绩效管理的沟通障碍

沟通不畅是导致绩效管理不佳的一个重要因素，它会导致信息流通受阻，关键信息无法及时传递甚至传播错误信息。所有企业都想尽可能地降低员工流失率，提高员工绩效，这本身没有问题，但大部分企业认为绩效管理完全是人力资源部门的责任，要求后者为组织量身设计一套完善的绩效管理系统。

由于和其他部门的沟通受阻，人力资源部门设计出的绩效管理系统根本无法契合企业的实际需求，在落地的过程中自然会遇到诸多阻力，即便快速推广，也无法达到预期目标。

◆人力资源管理机制不完善

通过实施高效的人力资源绩效管理，企业不仅能够促使员工形成良好的职业道德，并积极参与内部的良性竞争，而且能够通过制订绩效管理工作计划与具体内容，促进企业绩效管理工作有序展开。但现阶段，很多企业在开展绩效管理的过程中没有将企业的发展目标与员工的特点考虑在内，也没有对实施过程进行有效监管，无法给企业发展提供方向上的指导。另外，企业不同部门在发展过程中相互独立，没有形成统一的目标，给企业发展带来不利影响。

◆绩效考核指标不科学

如果企业能够高效地实施人力资源绩效管理，就表明企业的绩效管理工作是科学、合理的，这种绩效管理有助于企业实现自身的发展战略，提高整体的管理能力。为了实现这一点，企业要采用科学的绩效考核指标，但很多企业在这方面都存在不足，具体表现为：首先，企业没有对员工进行全面有效的培训；其次，企业管理者与普通员工之间的沟通有限；最后，企业管理者不能为员工实现其职业规划提供有效帮助，导致员工工作积极性无法提高。通过进行绩效考核，企业能够让员工明确企业的发展方向与战略规划，促进企业管理者与员工的交流互动，促使员工个人发展与企业的整体发展方向保持一致。

◆企业文化缺失，凝聚力不足

企业在长期经营与发展的过程中形成的独有理念就是企业文化，是企业发展的核心思想。要想在企业发展过程中充分发挥员工的作用，就要保证员工对企业文化有全面且深入的理解与把握。但现阶段，国内多数企业的员工缺乏对企业文化的全面认知，而企业本身也没有对企业文化的价值给予足够的重视。存在这类问题的企业无法充分发挥企业文化的引导作用。

◆绩效考核与绩效管理的混淆

在一家大型企业内部，不同部门的工作内容不同，对员工的管理情况也存在明显差异。国内企业对绩效管理的认知普遍不足，一些企业将绩效考核和绩效管理混淆。大型企业所有部门的绩效管理往往都由人力资源部门统一负责，在实际管理过程中，其他部门的管理人员认为绩效管理不属于自身的工作范畴，而人力资源管理人员对不同部门的实际情况又缺乏足够的了解，往往无法设计出科学合理的绩效考核方案。

事实上，各部门经理在绩效管理中发挥着十分重要的作用。由于部门成员付出了一定劳动就会追求一定的价值回报，各部门管理者做好价值分配就显得尤为关键，而科学的价值评估是做好价值分配的重要基础。

从公平、公正的角度看，员工创造的价值越高，被分配的价值也应该越高，但价值衡量需要对员工的工作成果进行科学评估，因此，由完全不了解各部门实际情况的人力资源部门进行绩效管理并非明智之举，各部门经理也应该参与其中。

1.1.4 企业绩效管理的六大误区

如今，越来越多的企业开始实行绩效管理，制定绩效管理方案，积极推进绩效考核等，但在具体实践过程中，企业的绩效管理经常陷入六大误区，如图1-3所示。

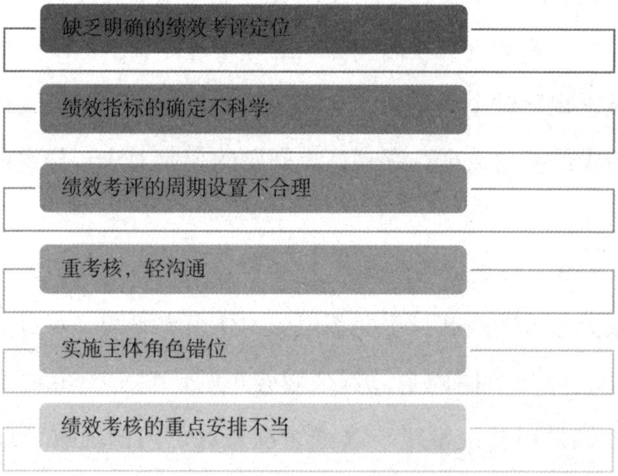

图1-3 绩效管理的六大误区

◆误区一：缺乏明确的绩效考评定位

在绩效管理过程中，绩效考评是核心环节，其根本目的在于解决问题。绩效考评定位对绩效考评的实施产生直接影响，定位不同，绩效考评的实施方法也不同。有的企业只注重绩效考评的实施，忽略了绩效考评定位，导致绩效考评无法达到预期效果。

◆误区二：绩效指标的确定不科学

企业的绩效指标有很多，但在评价任务绩效方面只设定了一个经营指标，过于单一，导致评价结果不准确。而且企业设定的评价指标大部分都是评价性描述，不是行为性描述，对评价者的主观感受有着较强依赖，导致评价结果不够客观。

◆误区三：绩效考评的周期设置不合理

评价周期指的是多长时间做一次评价，大部分企业将评价周期设定为一年，也有企业将其设定为半年、一个季度、一个月。由于评价周期过短或者过长都会使绩效评价失去意义，企业最好根据自身的实际情况设定评价周期。

◆误区四：重考核，轻沟通

绩效管理强调员工与管理者的双向沟通。一个完整的绩效管理体系涵盖的内容非常丰富，包括设定绩效目标、记录员工的绩效表现、期终绩效考评、合理运用绩效考核结果，可以概括为计划、执行、考核、反馈四个环节。可见，反馈沟通是绩效管理非常重要的一个环节，企业不能只注重考核，忽略沟通，否则绩效考核除了奖惩之外毫无意义。

◆误区五：实施主体角色错位

很多人认为绩效管理是人力资源部门的责任，应该由人力资源部门全权负责。因此，在实际工作过程中，高层管理部门只是下达指示，具体的绩效管理工作全部交给人力资源部门负责，效果如何由人力资源部门一力承担。事实上，这种工作安排非常不科学。虽然人力资源部门应当是绩效管理的实施主体，但不能将所有工作都交给这一个部门负责。

◆误区六：绩效考核的重点安排不当

很多企业的绩效考核只注重结果，一旦出现问题，各部门、各员工就会相互推诿，而不是想办法补救。如果一个组织的关注点是责任而不是改善，这个组织就很难有光明的未来。所以，在企业绩效考核发现问题时，大家要关注如何改善绩效，而不是划定责任。虽然遇到问题划定责任是人们的惯性思维，但如果在问题发生时所有人都专注于划定责任，而不是解决问题、弥补损失，绩效管理的目标就永远无法实现。

综上，企业高层领导也好，人力资源部门也罢，既是绩效管理的推行者，也是被考核对象，必须正视绩效考核工作，对企业资源进行有效整合，对人力资源进行优化，赋予企业持久的核心竞争力，让企业在市场竞争中立于不败之地。

1.2 绩效管理落地策略

1.2.1 绩效管理的五大刺激作用

在我国经济长期面临较大下行压力，各行业市场竞争越发激烈的背景下，企业生存发展会遇到一系列问题。在这种情况下，让绩效管理对企业发展的推动作用得到充分发挥就显得尤为关键。

员工绩效是指经过考核评估后的工作行为及结果。绩效管理是对员工或组织具有的价值进行考核评定，并给予一定奖惩，从而提高个体、部门及组织的绩效水平。主流的绩效管理观点包括以下几种：

- 绩效管理是管理组织绩效的系统，更多地将绩效管理归为战略或事业规划的范畴，强调绩效管理直接决定了企业的战略规划，并借助组织结构、技术事业系统与程序得以落地。

- 绩效管理是管理员工绩效的系统，强调绩效管理是组织对个体工作业绩与发展潜力进行考核评估，并根据结果给予奖惩，具有明显的周期性。

- 绩效管理是管理组织和员工绩效的综合系统，强调绩效管理是一种管理组织和员工绩效的综合体系。

无论我们认可上述哪种观点，绩效管理对组织的刺激作用都是显而易见的。由于绩效管理对管理对象的管理是全方位的，所以绩效管理必然会全方位刺激个体与组织。

◆绩效管理的刺激作用

绩效管理的刺激作用主要表现在五个方面，如图1–4所示。

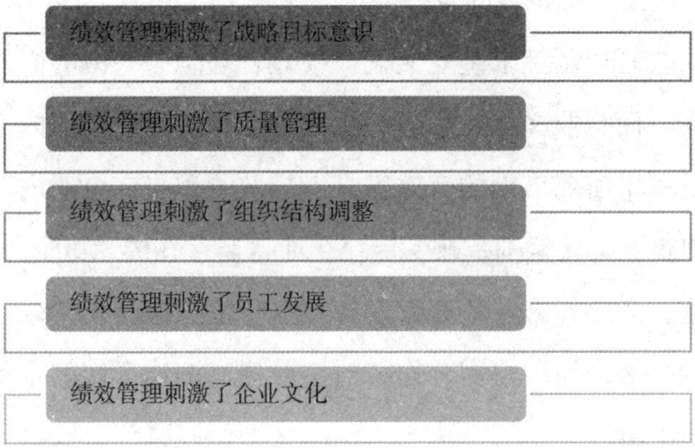

图 1–4 绩效管理的五大刺激作用

（1）绩效管理刺激了战略目标意识。很多企业会制定发展战略，明确未来的发展方向，制定短期及中长期目标等，然后结合自身的实际发展情况及对外部市场环境的现状分析及趋势预测，制订系统的年度经营计划、投资计划，并明确年度经营目标。各部门对企业年度经营目标进行分解，确定年度业绩目标，然后进一步将其分解为岗位业绩目标。在这个过程中，组织成员的战略目标意识也将得到有效加强。

（2）绩效管理刺激了质量管理。对组织绩效的量化考核可以从质量和数量两个角度入手，提高企业的质量管理水平。绩效管理能为企业管理者提供实施TQM（Total Quality Management，全面质量管理）的有效工具与技能，使TQM逐渐内化为组织文化。

（3）绩效管理刺激了组织结构调整。企业的绩效管理必然会涉及组织结构的持续优化调整，例如组织扁平化、充分授权、组建项目小组、实行轮岗制等。长此以往，将会改变企业的管理思想与管理风格。

（4）绩效管理刺激了员工发展。某种程度上，我们可以将绩效管理理解为企业的人力资本投资。得益于绩效管理的实施，员工可以快速高效地对自身的工作成果进行量化考核，促使员工不断增强自我能力，形成长期学习甚至终身学习的组织文化。

（5）绩效管理刺激了企业文化。绩效管理是一种由内而外发生作用的管理方式，而企业文化是影响组织成员工作表现的关键内部因素，是绩效管理过程中需要借助的有效工具。绩效管理将在企业内部树立以绩效为导向的企业文化氛围，改变传统企业普遍存在的“重资历、轻能力”的企业文化，激励优秀人才充分发挥自身价值。同时，绩效管理强调组织成员间的高效沟通、协同合作，对企业树立沟通合作的企业文化产生积极的推动作用。

◆限制绩效管理刺激作用发挥的因素

国内企业的绩效评价系统之所以难以发挥刺激员工、部门及组织的作用，受多种因素影响。

（1）认为绩效管理就是绩效评价。很多企业管理者对绩效管理认识不到位，混淆了绩效管理和绩效评价的概念。事实上，二者存在明显差异，单纯地实施绩效评价存在很多问题。例如，评估绩效成果时掺杂过多的主观因素；反馈滞后，付出努力的员工无法及时得到鼓励，影响工作效率与积极性；等等。也就是说，在管理者认为绩效管理等同于绩效评价的情况下，企业开展绩效管理不仅无法创造价值，反而会阻碍业绩增长。

（2）各级管理者对绩效管理的抵触情绪。企业对绩效管理认识不到位，过度依赖绩效考核表，而绩效考核表内容单一，缺乏系统性、科学性，难以得到组织成员的认可。绩效考核会直接影响考核对象的利益，很容易引发纠纷。大部分管理者本身对绩效工作存在一定的抵触情绪，因此让他们填写不被他们认可的绩效考核表，会进一步增加他们的负面情绪。

（3）对推行绩效管理效果抱有不切实际的幻想，不能持之以恒。要想让绩效管理取得预期效果，需要付出长时间的努力。从诸多实践案例来看，绩效管理发挥作用的时间成本和企业基础管理水平之间存在直接关联，完善的绩效管理系统需要较高的企业基础管理水平，而提高企业基础管理水平绝非一朝一夕之功。同时，绩效管理并非万能的，不能解决企业面临的所有问题，所有组织成员应该对此有清晰的认识。

实施绩效管理是企业界的主流趋势。国内企业需要充分认识绩效管理的内涵与作用，结合企业实际情况，有序、稳步地推进绩效管理工作，并善于从案例中总结借鉴，逐步提高绩效管理水平，不断强化企业的市场竞争力。

1.2.2　企业绩效管理的四个环节

绩效管理的实施有一个很重要的前提条件，即让每位员工都明确自己的工作目标。为此，企业不仅要明确员工的角色地位，还要保证所有工作都有专人负责，所有人都有工作可做。除此之外，企业还要制定可以对个体员工的努力程度进行衡量的指标，对员工的努力程度进行量化，对其他员工产生激励、鞭策作用。具体来看，绩效管理的实施过程包含四个阶段，分别是计划阶段、辅导实施阶段、考核评估阶段和反馈面谈阶段。

很多时候，中高层管理者和普通员工都将精力放在了推卸责任方面。为改变这种情况，在发生问题时，企业可以召开对事不对人的质询会议，找到问题、解决问题、提升业绩，而不是一味地追究责任。为了让问题能真正地得以解决，企业还要改进行动，通过切实有效的行动将问题解决方案、业绩提升方案落实下去。

绩效考核很重要，但企业不能孤立地进行绩效考核，应该从绩效管理角度切入，全面认知绩效考核的作用及实施，在企业内部形成有利于绩效考核的环境与氛围。企业必须通过转变观念来改变这种管理模式。利用绩效考核对管理模式进行再造也好，利用其他方式改变企业的整体环境促进绩效考核也罢，都是为了创造一个更理想的环境来执行绩效考核。

注意让绩效考核贯穿工作监督与落实的全过程，重视、落实每一个细节。对于绩效管理来说，绩效考核是非常重要的组成部分，绩效管理的目的在于不断提升组织绩效、员工能力和企业的核心能力。绩效考核是对一项工作的开展结果进行评价，而绩效管理则是提升管理水平的重要工具，可以不断地发现问题、解决问题，帮助员工提升自身素质，提高组织管理绩效。如果管理者可以对这种工具进行灵活使用，就能让绩效考核发展为绩效管理。

◆绩效管理的四个环节

一个完整的绩效管理应该包括四个环节，即计划、管理、评估和反馈，如表1–1所示。

表1–1　绩效管理的四个环节

绩效管理环节	具体内容
计划	整个绩效管理过程从计划开始。新一轮绩效管理开始之后，企业上下通过讨论制定绩效目标，对员工负责的工作内容、工作完成时间、要达到的效果等问题进行明确，并以协议的方式呈现出来

续表

绩效管理环节	具体内容
管理	在整个绩效管理期间，管理人员与员工保持沟通，及时发现问题、解决问题，帮员工提升个人绩效
评估	在绩效管理结束时，采用科学的考核方法对员工绩效进行评估
反馈	在绩效评估结束时，管理人员、上级领导就绩效考核结果与员工面谈，有针对性地对其进行指导，获得反馈

绩效考核与绩效管理不同，它只是绩效管理的一个环节。根据绩效管理的相关原则，所有部门都要制定自己的绩效目标，在实时绩效管理的过程中及时发现自己部门存在的问题，将问题消灭在萌芽期，以免造成不可估量的损失，保证本部门的绩效目标可以顺利完成，不要造成损失后再追究责任。如果各部门都能完成自己的绩效目标，企业总体的绩效目标自然也能完成。

◆绩效管理要循序渐进

整个绩效管理过程要循序渐进，具体可以分为四个阶段，如表1-2所示。

表1-2　绩效管理的四个阶段

绩效管理的阶段	具体内容
第一阶段：确定绩效管理目标	在此阶段要注意三点：第一，让员工明确企业的发展战略；第二，让员工参与设计绩效计划；第三，绩效考核指标要做到定量、定性
第二阶段：做好沟通	在这一阶段，沟通是重点。只有做好沟通才能让员工了解企业的经营目标、经营现状，才能让员工对个人目标进行调整，使其与企业目标相协调，明确努力方向，让管理者目标与员工目标达成一致，增进管理者对各项工作的了解，方便其在日后执行过程中做好监督、控制与协调工作
第三阶段：员工评价	在这一阶段，企业要对员工过去一段时间的表现进行评价，评价内容包括工作行为、工作成果。在此之前，企业可以要求员工进行自我评估，再由上级领导综合员工的自我评估结果和之前制订的绩效计划对员工绩效进行科学评价

续表

绩效管理的阶段	具体内容
第四阶段：生成绩效评估结果	这一阶段会生成最终的绩效评价结果。在这一结果正式生效前，企业管理者必须就评价结果和员工进行一对一沟通，沟通的目的有两个：第一，让管理者和员工都认同最终的绩效评价结果，尤其要让员工接受这个结果；第二，对于绩效评价结果不好的员工，管理者可以通过沟通帮其找到原因，通过制订绩效改善计划帮其在下一个绩效周期提升自己的绩效，同时，对于员工来说，这个过程还有利于其对职业生涯进行规划和设计

1.2.3 绩效管理落地的三个步骤

企业的绩效管理是一个完整的闭环系统，涵盖绩效方案设计、绩效沟通、绩效辅导、绩效考核、考核结果运用、绩效目标调整等多个环节。除了企业的管理者之外，员工也会参与到整个绩效管理过程中。通过实施绩效管理，企业能够从组织、部门及员工个人三个层面实现绩效能力的提升。

传统的绩效管理方式增加了企业管理者的负担，员工也比较反感。出于减轻员工排斥心理的目的，多数管理者在实施考核时敷衍了事，仅依据个人主观经验对员工表现进行评价，无法体现员工的真正价值。此外，人力资源部门的绩效管理工作开展得并不顺利，绩效管理更多地停留在形式层面，各方参与者之间相互推卸责任，实际作用比较有限。在这种情况下，企业的绩效管理无法达到预定目的，主要是因为绩效管理的实施不到位。

企业实施绩效管理是为了提高员工的绩效能力，要达到这个目标，管理者需提出清晰的目标，并将绩效情况及时反馈给考核对象。另外，在实施绩效管理的过程中，管理者要认真倾听员工的意见，帮助员工更好地完成自己的工作，提高他们对绩效考核的认可度，从而发挥绩效考核在企业管理中的积极作用。要根据绩效考核结果改进企业现有的管理模式，通过提升管理者的能力促进绩效管理作用的发挥。

在绩效管理方面表现优异的企业，通常能够做到如下几点：第一，企业建立了完整的管理体制，绩效管理工作得到管理层的高度重视以及员工的理解；第二，企业根据自身特点及发展需求制定了绩效管理体系，并在实施过程中进行了调整与优化，绩效管理切实可行；第三，管理者能够将相关知识运用到绩效管理过程中，并且能够灵活运用多种技巧，逐步提高企业的绩效管理能力。在具体实施过程中，企业的绩效管理可以遵循的流程如图1–5所示。

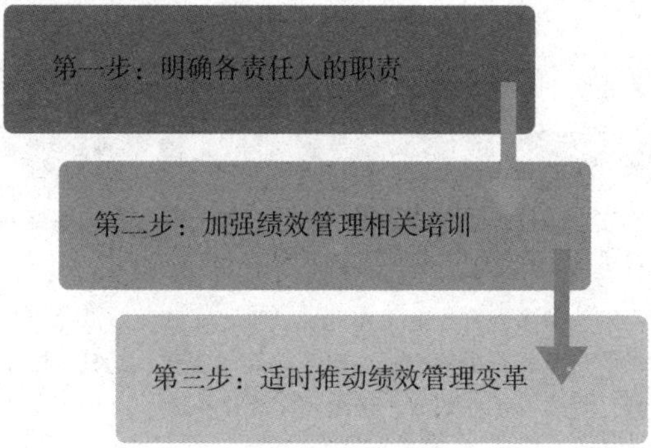

图 1–5　企业绩效管理的三大步骤

◆第一步：明确各责任人的职责

（1）高层决策者的职责 。企业的价值理念能够反映在业绩管理体系中。管理者应该根据公司的战略目标设置绩效考核标准，在实施过程中促进各级管理者之间的合作，发挥高层决策者的协调及控制作用，在绩效管理方案设计、绩效考核实施，以及绩效考核结果应用等环节体现高层决策者的能力。

（2）人力资源管理者的职责 。人力资源管理人员要参与企业绩效管理体系的制定，为不同部门、不同岗位制定绩效考核标准，确定企业实施绩效管理的步骤，设计绩效管理相关表单，建立绩效管理制度；根据规定安排并监督不同部门的绩效考核工作，具体如绩效数据统计、绩效沟通、绩效完善、考核结果应用等；对绩效考核的数据资源进行整合、分析，根据要求执行审批操作等；组织绩效考核人员接受培训，掌握具体的考核方法；衡量绩效考核系统的价值；通过会议方式促进绩效考核工作的开展。

（3）各级管理者的职责 。企业的绩效管理工作由各级管理人员承担，这些管理人员面向企业员工开展绩效管理，具体工作内容如表1-3所示。

表1-3　各级管理者开展绩效管理的职责

主要职责	具体内容
设置绩效指标	确立考核标准、各项标准的权重，以及获取相关数据的渠道，并得到全体成员的一致认可
工作指导监督	定期检查考核对象的工作完成进度，实施有效的监督，并与其就相关问题进行交流，帮助他们解决资源方面的问题，为其开展工作提供针对性的指导，提高其工作效率，帮助其完成任务
绩效面谈及改进	及时向考核对象提供反馈信息，让他们明白当前工作中存在的问题，帮助他们提高绩效能力，对现有工作计划进行调整

要保证绩效管理工作的顺利开展，企业管理者要学习相关理论，懂得如何运用配套工具，选择恰当的方法，与人力资源管理者进行合作。

◆第二步：加强绩效管理相关培训

（1）重视员工培训，提高员工接受度。实施绩效管理的企业要确保所有员工对绩效管理的认识都是正确的，即企业实施绩效管理并非根据绩效考评结果削减员工的薪资报酬，而是让员工个人及企业整体达到更高的绩效水平。另外，企业要将绩效管理过程中的重点内容准确无误地传达给员工与各级管理者，鼓励员工将自己的真实意见表达出来，提高员工对绩效管理的认可度。在实施绩效管理的过程中，管理者要帮助员工解决工作中存在的问题，为员工提供必要的资源，引导员工提高工作能力，进而达到绩效目标，真正发挥绩效管理的作用。

（2）加强绩效管理技巧培训，保证有效性 。开办绩效管理培训课程，要求管理者在接受培训后掌握绩效管理工具及技巧的应用方法，具体培训内容如下：

- 绩效管理的理论知识。
- 绩效目标制定、绩效指标确立的方法。
- 绩效管理体系包含的环节，各个环节的理念应用、工具与方法选择。
- 绩效管理的关键技巧及应用。

各级管理者在参加绩效管理培训之后，能够完成对绩效方案设计、绩效沟通、绩效考核、考核结果应用的学习，懂得如何在实施绩效管理的过程中选择合适的工具、灵活使用相关技巧解决问题，提高自身的绩效管理能力。

◆第三步：适时推动绩效管理变革

从组织层面来看，绩效管理是对企业传统管理模式的颠覆，能够带动企业变革。在具体实施过程中，部门相关人员的利益会受到影响而出现变化，所以不同员工对绩效管理会持有不同的态度与看法。为了顺利推行绩效管理，企业应该注重的几个方面的工作如表1–4所示。

表1-4　推动绩效管理变革的六大措施

主要措施	具体内容
了解情况	充分了解企业当前的管理情况，把握企业的总体发展战略、绩效管理情况、内外部环境形势
端正态度	企业需要认真对待绩效管理，留出足够的准备与实施时间，提前制订完善的绩效管理计划
强化认知	让所有员工认识到企业实施绩效管理的紧迫性，表明企业必定会实施变革
奠定基础	从第一次绩效考核切入，为后期的工作开展打下良好的基础
创造良好的环境	对表现优秀的员工及部门进行表彰，发挥其带动作用，创建良好的内部环境
制订计划	根据企业的总体战略规划实施长期、稳定的绩效管理，制订明确的行动计划

综上所述，企业的绩效管理是一项完整的、系统化的工作，所有内部成员都要参与其中，各个部门要承担各自的职责，并与其他部门合作，不能将所有的绩效管理工作都交给人力资源部门来完成。在这个过程中，管理者要发挥自身的决策领导力，转变员工的传统思想，促进绩效管理的切实推进，发挥其实际作用。

1.2.4　实施绩效管理的四大策略

为了让绩效管理发挥出预期的效果，企业在实施绩效管理时可以采取四大策略，如图1-6所示。

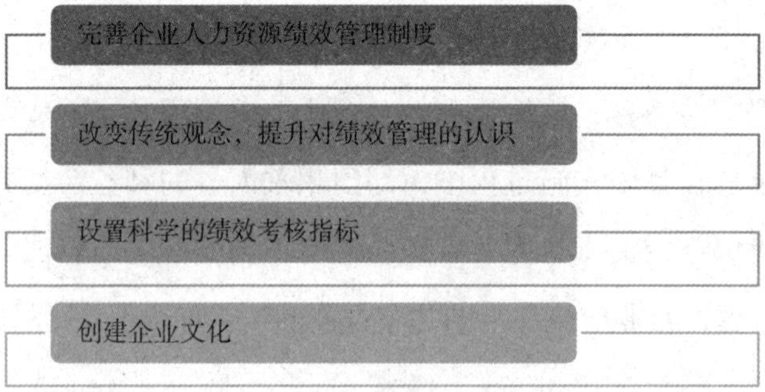

图1-6　企业实施绩效管理的四大策略

◆完善企业人力资源绩效管理制度

在企业的管理工作中，绩效管理占据着核心地位，为企业管理工作的开展提供支持。在具体执行过程中，企业的人力资源绩效管理人员需要做好基础性准备工作，为后续工作的顺利开展提供保障。为此，企业要建立完善的人力资源绩效管理制度，根据具体需求实施针对性管理。

另外，要加强工作人员对绩效考核标准的认识，让他们按照具体的规定来开展绩效管理工作。除此之外，在确定人力资源绩效管理工作的方向时，要全面考虑工作人员的职责与工作内容，保证工作人员能够理解并执行相关规定。

◆改变传统观念，提升对绩效管理的认识

如果管理者对绩效管理工作给予足够重视，就能够促进企业实施绩效管理。从这个角度来说，企业人力资源管理工作者要改变传统的思维方式，创新工作模式，形成正确的绩效管理观念。与此同时，企业要注重对工作人员的培养，提高他们对绩效管理工作的重视程度，为绩效管理工作的正常开展提供支持。不仅如此，企业还要对工作人员实施强有力的监管，促使他们提高自身管理能力，完成考核目标，推动企业人力资源绩效管理工作有序发展。

◆设置科学的绩效考核指标

企业要想提高绩效管理的效率，使其符合社会经济发展要求，必须充分了解自身的发展情况与发展需求，对工作人员的特点进行分析。在设计环节，应该综合考虑多方面的因素，包括员工的工作能力、工作内容及工作特点等，制定合理的绩效考核指标。在具体实施过程中，应该公正地对待所有员工，开展科学有效的评价。具体来看，企业的绩效考核指标设置要注重以下几点：

- 采用恰当的考察标准，明确考察内容。
- 确定考察时间与考察对象。
- 选用科学有效的考察方案，交给恰当的工作人员。
- 制定合理的考察流程。
- 制定申诉机制。
- 帮助工作人员形成正确的观念，发挥薪酬制度的激励作用。

◆创建企业文化

企业文化能够对整个企业的发展产生重要影响。优质的企业文化能够在企业内部建立起良好的工作氛围，为员工提供环境方面的支持，让员工在工作过程中形成良好的职业道德，从而推动企业长期发展。企业人力资源绩效管理与企业文化发展之间息息相关，所以注重发展企业文化，也能够推动企业人力资源绩效管理的实施。

另外，企业应该建立完善的薪酬管理体制，在发展过程中通过合理的薪酬分配对员工进行激励。优秀的企业文化能够让企业员工保持较高的工作热情，不断提高自身的专业能力与素养，促进企业持续发展，提高企业对多变的市场环境的应对能力。

总体而言，在经济快速发展、社会环境瞬息万变的今天，企业面临的市场竞争越来越激烈。为了突出自身的竞争优势，企业必须充分认识到优秀人才的重要价值，强化对人才的培养，以巩固企业在市场上的地位。

在企业管理中，人力资源绩效管理是不可或缺的一个环节。企业通过实施高效的人力资源绩效管理，不仅能够更加积极地参与到市场竞争中，还能促使员工发挥自身的潜能，提高其工作能力。目前，企业的绩效管理还不完善，相关工作者应该在实践过程中不断进行优化与调整，逐步提高人力资源绩效管理的效益。

1.3 绩效管理案例解析

1.3.1 Z公司绩效管理案例分析

在绩效管理方面，部分企业缺乏清晰的定位，绩效管理制度的设计存在问题，没有实现与企业文化的深度结合，缺乏对绩效考核结果的充分应用等，无法达到绩效管理的目的，使绩效管理工作的价值得不到充分体现，甚至会给企业发展带来不良影响。

Z公司以保健食品的开发、生产与销售为核心业务，成立于20世纪90年代末，至今已经拥有150名员工。公司在发展初期不具备规模效应，也没有建立绩效管理体系，在后来的发展过程中，公司规模不断扩大，出于提高员工工作积极性、提升企业整体绩效水平的目的，该公司于2006年正式开始实施人力资源管理，并于次年在公司内部进行首次员工绩效考核。

此次绩效考核分为三个部分：上级考评、自我考评与员工之间的互评。具体考核内容包括员工的业绩完成情况、工作表现与工作态度。在实施绩效考核之前，企业并没有确立绩效标准，也没有设置绩效目标，而且没有对员工的工作表现、态度等进行记录。在这种情况下，在实施上级考评时，管理者对员工的考核依据仅来源于其留存的印象，与此相似的是，自我考评、员工互评也以员工个人经验为主要依据。

公司根据考评结果为员工分配了年终奖金，这部分资金占到当年总体工资的5%。此次业绩考评结束后，员工仍然遵循以往的工作模式，其工作效率与业绩能力仍维持在原有水平。2008年，公司业绩没有出现明显提升。

出于提高公司绩效的目的，Z公司组织管理人员、人力资源部门负责人与专业管理咨询专家共同制定了新的绩效管理体系，并对原有的绩效考核方案进行了调整。新的绩效考核方案以绩效考核结果为依据对考核对象实施奖惩，将员工划分成优秀、良好、合格与不合格四个等级，其中考核成绩前10%为优秀，仅次于其后的70%为良好，接下来的15%为合格，最后的5%为不合格。优秀员工能够获得企业分配的当年工资总额10%的奖励，良好员工能够获得5%的总体工资奖励，合格员工的工资要减少5%，不合格员工则会被公司辞退。公司通过实施新的绩效考核方案，有效提高了员工工作的积极性，提高了整体的工作效率，并提升了员工的工作能力与公司的整体绩效。2009年，该公司实施了综合性的绩效考评方案，将员工的工作能力、出勤情况、业绩与职业素养都考虑在内进行全面考核。考评结果出来后，公司辞退了6名员工。

员工对此次绩效考核给予了较高的关注，对不合格员工进行辞退的处理方式让许多员工感到紧张，也有员工认为不合格员工被辞退是不公平的。随着考核的进行，公司内部的人际关系出现了变化，员工之间不再像之前那样友好，有些员工还会相互诋毁，无法高效合作，竞争愈演愈烈。与此同时，在经济体制改革的大背景下，企业面临越来越激烈的市场竞争，在发展过程中出现了许多问题。

绩效管理是企业管理的重要组成部分，高效的绩效管理能够推动企业发展。但有相当一部分企业在绩效管理方面存在问题，例如本节开头提到的缺乏清晰的定位、绩效管理制度体系不完善、绩效考核结果得不到充分应用等，都使企业在实施绩效管理的过程中面临重重阻力，无法发挥绩效管理的作用。

1.3.2 进行科学的绩效管理定位

对上述Z公司的绩效管理案例进行探讨与分析，可以总结出企业在实施绩效管理时需要重点把握的两个方面。

一方面，Z公司对绩效管理与企业发展之间的关系缺乏科学的定位。企业实施绩效管理的目的是促进员工及公司绩效的提升，进而加快公司运转，突出其竞争优势，促进公司健康、稳定发展。在这个过程中，绩效管理是企业采用的一种管理与发展方式而并非最终目的。

尽管Z公司意识到了绩效管理的价值，也确定了公司实施绩效管理的目的，但实施效果十分有限。首次绩效考核未能提高员工绩效，也未能促进企业发展。第二轮绩效考核虽然在一定程度上提高了员工的积极性，但员工努力工作只不过是为了不被公司辞退，尽管提高了员工与企业的绩效，但影响了员工之间的关系，同样不利于企业发展。

另一方面，Z公司对绩效管理与绩效考核关系的认识有偏颇。企业将绩效管理等同于绩效考核，实施绩效管理仅仅是为了给员工分配年终奖金，对绩效管理与绩效考核之间的关系缺乏准确的定位，无法充分体现绩效管理的作用，甚至给公司内其他人力资源管理职能的发挥带来不利影响。

企业应该清楚的是，绩效管理是一个系统化的工程，在具体执行过程中要制订绩效计划、实施计划并进行监管、对实施结果进行评估、根据结果对绩效管理方式进行调整与优化等，绩效考核仅为绩效管理的一个组成部分。公司在实施绩效管理时，除了要进行绩效考核之外，也要注重其他环节的工作。Z公司的问题在于将绩效管理局限在绩效考核上。针对这个问题，公司应该在实施绩效考核的同时提高对绩效计划的重视程度，强化对绩效实施结果的监管，根据具体结果改进原有的绩效计划。

1.3.3 健全完善的绩效管理系统

通过分析Z公司的绩效管理能够发现，该公司的绩效管理系统仍然有待完善，其不足之处主要体现在以下几个方面：

◆未制定统一的绩效考核指标与标准体系

企业需要设立绩效考评项目，然后结合考评目的、考评性质与员工情况，确定具体的考评指标，建立完善的指标体系，推出统一的绩效评估标准，方便企业管理者与员工个人根据这个标准进行绩效评估。

◆没有建立完整的绩效管理信息系统

企业在进行绩效考核的过程中，要对考核对象的工作表现、专业技能与总体能力进行分析，对相关信息进行收集。只有保证信息的真实性，才能得到准确的评估结果。信息透明度较低，没有完整的绩效记录，信息收集者与考核对象之间缺乏高效的沟通等，都会导致考核信息不完整，使最终的绩效考核结果有失公允。在上述案例中，Z公司并未建立完整的信息系统来获取企业绩效考核所需的相关信息，因此在实施考核时，部门经理与主管只能根据自己的印象来评估考核对象的表现，员工也只能根据自己的印象提交报告，导致考核结果不客观、不准确。

◆未建立绩效考核申诉制度

国内企业对绩效管理的实践还处于探索时期。很多企业缺乏考核申诉制度，整个绩效考核工作的主导权完全掌握在企业或资方手中，在这个过程中，员工只能接受企业给出的考核结果，就算考核成绩存在公平性问题，或者企业选择的考核方法不合理，员工也没有申诉渠道，或者即使提出了自己的看法，也不会对考核结果产生影响。

缺乏绩效考核申诉制度的企业，无法充分发挥绩效管理对员工的激励作用，还会打击员工工作的积极性，影响公司的持续性发展。Z公司将考核成绩靠后的员工辞退后，有些员工认为这种处理方式不公平，说明公司最终给出的绩效考核结果存在问题。从某种程度上说，正是因为公司没有建立有效的申诉制度，才会导致绩效考核结果有失公平。

所以，Z公司需要制定绩效考核申诉制度，将绩效考核结果的审核工作交给管理者、人力资源部门与员工代表，由三者共同承担，为被考核对象提供申诉渠道，注重分析其反馈信息，从而提高考核结果的准确性。

1.3.4 合理运用绩效考核的结果

绩效考核的实施能够让企业根据自身的战略发展目标对员工行为进行监管。在具体实施过程中，企业应该对绩效考核进行准确定位，合理运用绩效考核结果，不能过分弱化或强化绩效考核结果的运用。

◆避免过分弱化绩效考核结果的运用

主要表现为企业没有运用绩效考核结果开展其他人力资源管理工作，除了在形式上实施绩效考核之外，并未在薪酬分配、人员安排、职务调动等方面运用绩效考核结果，没有根据绩效考核结果组织员工接受培训，改进员工的表现与绩效，也没有提升企业的竞争力。虽然部分企业在人力资源管理过程中运用了绩效考核结果，但其发挥的作用十分有限，无法让员工认识到绩效管理工作的重要性。

◆避免过分强化绩效考核结果的运用

对Z公司的绩效管理实践进行分析可知，该公司刚开始实施绩效管理时，过分弱化了绩效考核结果的运用，只是根据绩效考核结果来分配公司的年终奖金，并未对考核结果不理想的员工存在的问题进行有效分析，没有对员工进行培训或者安排职位调动，也没有督促员工提高绩效。因此，尽管公司根据绩效考核结果向员工分配年终奖金，但并没有达到提升公司与员工绩效的目的。

Z公司在第二轮绩效管理过程中对考评成绩靠后的员工进行辞退处理，强化了考核结果的运用，根据考核结果开展所有的绩效管理工作，同样没有达到很好的效果。这说明企业不仅应该重视绩效管理结果，还应该注重绩效管理过程，不能只看重结果而忽略过程，也不应该只注重过程而忽略对结果的运用。

◆建立以绩效为导向的企业文化

现如今，国内企业对文化管理的认识逐渐加深，越来越多的企业开始注重文化建设，但从宏观角度来看，现阶段国内企业的文化建设仍处于早期探索阶段，大部分企业在文化建设方面存在短板，在绩效文化方面更是空白。很多企业并没有认识到绩效管理的价值，也没有形成绩效管理理念，在经营与发展过程中忽略了企业的绩效管理。

2 战略绩效管理体系

2.1 企业战略绩效管理

2.1.1 战略绩效管理目标与内容

目前，在管理界，“一个有效的绩效考核体系”的建立被视为最大的难题，同时，绩效管理还是人力资源管理领域的焦点问题。所以，探究企业战略绩效管理意义重大。绩效管理系统是企业实现战略目标的重要保障，绩效管理水平越低，意味着企业实现战略目标的成本与难度越高，成功率越低。如何将企业的绩效管理系统和战略规划相结合，从“战略绩效”角度出发，科学把握企业管理系统之间的协同关系，持续强化企业的战略执行力，是企业界面临的时代课题。

◆企业战略绩效管理的六大目标

对于现代企业的人力资源管理来说，企业战略绩效管理是核心内容。企业绩效主要体现在两个方面：一是效率，也就是用正确的方法做事；二是效果，也就是做正确的事。具体来说，企业绩效就是一定时间内员工的工作行为、态度、结果及企业目标管理工作的完成情况，包括数量、质量、效果及盈利情况。企业战略绩效管理包含两大系统，一是员工绩效管理考核系统，二是组织绩效管理系统。

最终，企业战略绩效管理要实现六大目标，如表2-1所示。

表2-1 企业战略绩效管理的目标

序号	实现目标
1	在企业内部培养良好的绩效文化氛围
2	在市场竞争中获胜，使企业经营业绩不断提升
3	打造一支高素质、高效率的员工队伍
4	创建有效的激励机制，帮员工制定科学完善的职业生涯规划，让员工随企业一同成长
5	自主创新，实现更高的目标
6	创建一个集企业生产经营管理与人本管理于一体的循环系统

◆战略绩效管理系统的五项内容

战略绩效管理强调打造基于企业战略的绩效管理系统，这是一项需要企业长期投入大量资源的系统工程。完善的战略绩效管理系统由五项内容构成，如表2-2所示。

表2-2 战略绩效管理系统的五项内容

项目	具体内容
明确公司战略	公司战略涵盖了企业愿景与使命、企业核心价值观、业务战略、智能战略、战略内外部环境等多项内容。只有先明确公司战略，才能设计出服务于公司战略的绩效管理系统，确保企业各项活动围绕企业战略开展，最终在企业内部建立战略中心型组织
落实责任机制	绩效管理系统由绩效考核内容设计（比如KPI设计）、绩效计划、绩效实施、绩效考核、绩效反馈等多个环节构成。在战略绩效管理制度的支持下，企业可以对一个循环周期内的个体、部门及组织绩效进行考核，考核结果将直接影响员工的薪资待遇、人事调整、下一周期战略目标等
加强组织协同	组织协同可以分为纵向协同和横向协同两大类。纵向协同强调公司、部门及岗位目标的纵向一致性，也就是通过对公司目标进行纵向分解来确定部门及岗位目标，这需要企业对组织架构进行系统梳理，确保上下级高效协同交互；横向协同强调跨部门目标或平行岗位目标之间的协同配合，从流程角度进行跨部门目标分解，这需要企业做好业务流程的持续优化完善

续表

项目	具体内容
建立胜任力模型	结合组织业绩目标和员工岗位业绩目标，建立任职资格系统与能力素质模型，为提高员工及企业战略执行力奠定坚实的基础
培育企业绩效文化	培育以绩效管理为导向的企业文化，在这个过程中，尤其需要做好绩效辅导与绩效反馈工作，这不仅能体现企业的人性化，还能促进员工全面发展，进而推动企业发展

2.1.2 战略绩效管理存在的问题

很多企业都开展了员工行为绩效考核，但对企业的管理行为进行分析就会发现，企业的管理弱项恰恰是绩效管理。部分企业将绩效管理视为一项专业的人力资源技术，将这项工作全部交给人力资源部门负责，各级管理人员与职能部门没有担负起相应的责任，导致企业绩效管理与战略实施脱节。在企业管理改革的过程中，绩效管理改革的实施难度最大，也最容易与最初的改革目标相背离。

企业战略绩效管理过程存在诸多问题，可以从四个方面着手进行分析，如图2-1所示。

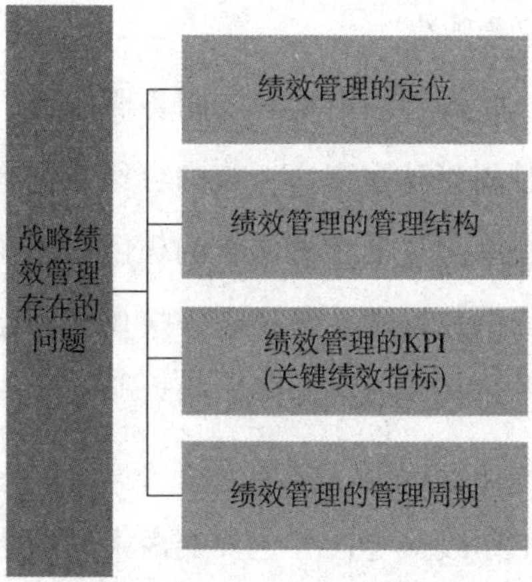

图 2-1 战略绩效管理存在的问题

◆绩效管理的定位

绩效管理的定位不同，所采用的绩效考核方法与最终的绩效考核结果也不同。在实际执行过程中，企业的绩效管理经常发展为绩效考核。绩效管理定位失准是导致企业绩效管理的激励作用难以发挥、管理改革失败的重要原因。因为绩效指标与企业战略发展需求之间没有建立充分连接，难以对整个团队及个别员工的实际工作绩效进行全面衡量，自然也就无法对员工行为与企业要求之间的契合度做出准确判断。

根据现代企业管理理念，绩效管理的初级目标是让企业掌控整个经营管理过程，通过与员工沟通向其反馈绩效考核结果，提升员工绩效，改善企业管理，调动员工工作的积极性，让全体员工通力合作，推动企业的战略目标有序实现。企业可以在此基础上，根据绩效考核结果提拔优秀员工，制定合理的奖惩方案及利益分配方案。

一个完整的绩效管理过程包括制定绩效目标、设计绩效指标、监控绩效考核，整个过程循序渐进，螺旋上升。也就是说，绩效考核只是绩效管理的一个环节，虽然是最重要的一个环节，但不能代替整个绩效管理。

◆绩效管理的管理结构

在传统企业中，绩效管理由党政工团各职能部门共同负责，考核指标比较片面，考核时间相互冲突，考核内容经常重叠，整个考核过程流于形式，绩效管理根本无法发挥出应有的作用。而在新兴企业中，绩效管理由人力资源部门全权负责，考核内容聚焦行为绩效，对工作内容的评价主要通过间接的上下级评分的方式完成。

在具体的绩效管理过程中，管理人员要从不同主体处收集绩效指标信息，信息分析、工作改善等任务也要交由不同的主体完成。为提升绩效管理效率与质量，最好让了解该指标的主体进行管理，只有这样，指标关系才能和管理关系保持一致，才能产生高效能。所以，绩效责任分解与反馈要理顺管理关系，让管理者与被管理者形成有效互动。

◆绩效管理的KPI（关键绩效指标）

一般来讲，绩效指标主要由两部分组成：一是对工作结果的评价，也就是任务绩效；二是在工作中的表现，即周边绩效。

任务绩效可以用质量、时效、数量、成本等指标进行定量评价，周边绩效可以用“行为性描述+评分”的方式进行评价，两者结合可以形成一套完整的绩效指标体系。企业绩效指标的制定要尽量多元化，兼顾细节与重点，与企业战略发展需求紧密联系在一起。

为了完善绩效指标，让绩效指标既反映企业的战略发展需求，又便于操作，企业在绩效指标设计中可以引入目标管理、责任成本、BPR等概念。

◆绩效管理的管理周期

在具体的实践过程中，企业的绩效管理周期可以分为两类：

第一类是评价周期，可以与薪酬分配周期保持一致。

第二类是指标周期，绩效考核指标不同，需要的考核周期也不同，可以设定为一个月、一个季度、半年、一年、累计等。

分层设定绩效管理周期可以让考核者在某个时间段内将被考核者的工作产出明确地记录下来，形成分析意见，做出快速响应，以免绩效管理评价滞后引发风险。

战略绩效管理是以分解之后的战略目标责任为基础形成的一个管理监控过程。在这个过程中，既要对工作业绩进行总结，又要对整个过程进行控制，还要做到容易操作。为此，绩效管理人员必须明确绩效管理定位，完善绩效管理结构，创建一个全面的关键绩效指标体系，做好沟通与反馈。

从本质上看，战略绩效管理就是企业突破管理困境、追求更高的企业发展目标的过程。通过战略绩效管理，员工可以了解企业推崇的行为、企业对员工的希望、企业之后的发展方向等。为了使员工可以更好地提升自身绩效，企业人力资源管理部门要不断改善可能对员工绩效产生影响的因素，例如岗位轮换、企业文化氛围营造、工作目标的设定等。总而言之，绩效管理就是一个既注重过程又注重结果的动态管理过程。

2.1.3 战略绩效管理的PDCA循环

为了做好战略绩效管理，企业可以引入PDCA循环。作为管理学中的一个通用模型，PDCA循环的构想成形于20世纪30年代，后经美国质量管理专家戴明正式提出。PDCA是Plan（P阶段，计划）、Do（D阶段，执行）、Check（C阶段，检查）、Action（A阶段，行动）的首字母缩写，在这个循环过程中，参与主体会对计划执行结果进行总结，积累经验，分析问题，通过推广进一步扩大优秀经验的适用范围，解决流程体系中存在的问题，在持续的循环过程中解决所有问题。

具体来看，企业PDCA循环流程如图2-2所示。

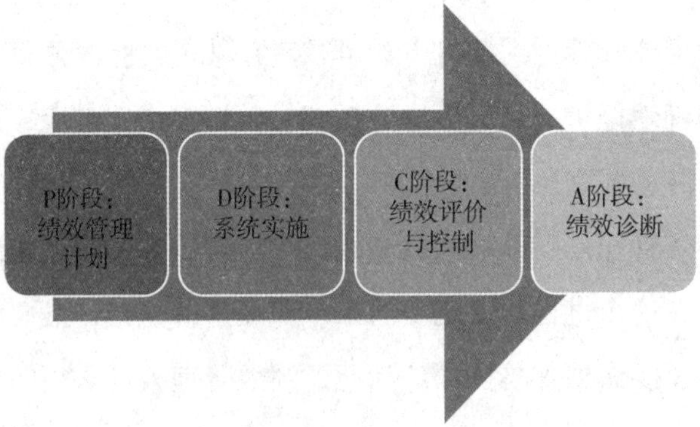

图2-2　战略绩效管理的PDCA循环

◆P阶段：绩效管理计划

（1）为绩效管理做好准备，制订绩效管理计划，设计绩效管理系统，对所有与绩效管理有关的制度的合理性进行评估，例如公司原有的绩效考核制度、现行的员工薪酬与福利制度、劳动纪律管理规定等。

（2）对系统循环的各个细节进行有效设计，确定循环周期。

（3）对过去的绩效管理进行分析，总结经验，通过与员工面谈制定员工绩效合约，建立目标管理卡。

◆D阶段：系统实施

（1）部门督导的主要工作：以员工的基本信息为依据确定指导方法，例如员工的学历、性别、性格、能力、工作经验等。在此阶段，部门督导的身份具有多重性，如管理者、辅导者、参与者等。

通过与员工开展绩效沟通，解决绩效管理过程中遇到的问题，沟通方式可以是面谈、书面报告等。同时，公司要建立与员工的对话记录簿，将员工对岗位职责、企业发展、个人发展的看法及岗位职责、员工潜力预测、绩效未达标原因分析、过往绩效、未来绩效目标设定等内容记录下来。

（2）员工主要工作：利用自己的职权与能力掌握PDCA绩效循环行为模式的相关知识，将其运用到日常工作过程中，提升自己的工作绩效。

◆C阶段：绩效评价与控制

根据绩效评价标准对原先设定的绩效目标的达成情况进行评价，评价完成后，主管与员工共同寻找对实际绩效造成影响的原因，发现其中存在的问题，判断问题是否可以解决、可以采用什么方法解决。在此阶段，主管要对绩效管理目标进行调整，让其与原定计划保持一致，并将其以书面材料的形式呈现出来，为绩效诊断提供依据。

◆A阶段：绩效诊断

在绩效诊断的过程中，主管和员工要使用“头脑风暴法”对所有问题追根究底，探究每一个问题的成因。在此阶段，主管要重点考虑以下问题：员工是否对绩效管理目标做到了充分理解？员工拥有的权利是否足以支持其完成目标？过去的业绩如何？这个问题是早已存在的还是新产生的？是否采取过解决措施？应采取何种解决措施？

该阶段要遵循以下流程：

首先，掌握第一手的资料，对员工工作目标的完成情况进行判断，对企业人力资源的优点、缺点进行评价，明确员工的发展潜力。

其次，人力资源管理部门对各工作岗位要承担的风险以及员工贡献做出科学评估，保证员工薪酬福利待遇公平、公正、合理。

最后，通过PDCA循环对各岗位的工作说明进行修订，完善人力资源管理。

PDCA循环包含三个环节，分别是前馈控制、过程控制和反馈控制，整个过程从零开始不断循环，前一个阶段的终点是后一个阶段的起点，循序渐进、螺旋上升。在整个过程中，员工充满了积极性、主动性，在企业绩效管理系统建立与运行的过程中发挥了重要作用。系统也注重员工绩效目标的实现与个人绩效的提升，追求员工与组织共同进步、发展。一轮循环完成后，企业会迈进一个新的发展阶段，设定更高的发展目标，开始新一轮循环。

2.1.4 建立科学的绩效管理体系

绩效管理体系设计是否科学，直接影响着绩效管理的最终效果。为了创建一个科学的绩效管理体系，要参照以下方法与原则：

◆建立科学系统的目标体系

企业战略绩效管理实施起来比较复杂，但如果运用得当，就能激发整个组织的活力，使整个组织的管理水平得以有效提升。对于企业战略绩效管理来说，目标体系、指标体系、管控体系和申诉体系的构建是核心，如表2–3所示。

表2–3　企业战略绩效管理的四大体系

四大体系	具体内容
目标体系	力争让企业目标、部门目标、员工目标保持一致，将企业目标分解为部门目标、员工个人目标，通过绩效合同促使员工的工作职责与企业的战略发展目标相融合，实现目标的全覆盖
指标体系	将指标与行为规范结合在一起；在绩效考核中对管理行为进行定位分析，模拟量化；既要执行年度考核，又要执行月度评价，每个月都要对上个月的绩效完成情况进行回顾分析，每半年对绩效目标做一次修正，每年进行一次绩效考核
管控体系	秉持求真务实、持续改进的原则，根据企业的实际情况制定年度绩效考核目标，然后通过阶段分析、差异评估逐步对目标进行改进，力求详尽可行
申诉体系	秉持公平、公正、透明、协商的原则，构建顺畅的沟通渠道和申诉渠道，给对考核结果有异议的员工提供一个可以进行无障碍申诉的渠道，使绩效合同双方的合法权益都能得到有效维护

◆因岗而异，确定绩效考核的重点

这一环节的重点就是贯彻公司的发展战略、发展规划、管理理念，让公司规范运行，帮公司塑造良好的社会形象，构建完善的公共关系。绩效管理考核一般注重关键指标与行为管理，所以绩效考核指标体系要包含两部分内容，一是专业指标，二是通用指标。

◆强化沟通，维护绩效管理的客观性、公正性和有效性

绩效合同的履行必须建立在一套完整的管理制度与信息系统的基础上，其过程和结果必须做到客观、公平。为了做到这一点，考核者必须做好与被考核者的沟通和交流，让绩效管理理念深入人心，让公司上下沟通保持顺畅，从而形成人力资本优势。

◆树立团队意识，营造学习型组织的氛围

利用先进的管理理念与方法优化工作流程，改进不适用的管理机制，提升工作质量与效率，激发员工工作的积极性。企业想要实现健康可持续发展，必须在内部营造良好的学习氛围，拥有一支具有较强学习能力的员工队伍，积极学习、吸收先进的理念与技术，带动企业向更高的目标前进。

2.2 战略绩效的体系设计

2.2.1 Step 1：明确公司战略

对公司战略进行系统梳理，将明确战略视为公司战略的一项核心工作，具体流程如图2–3所示。

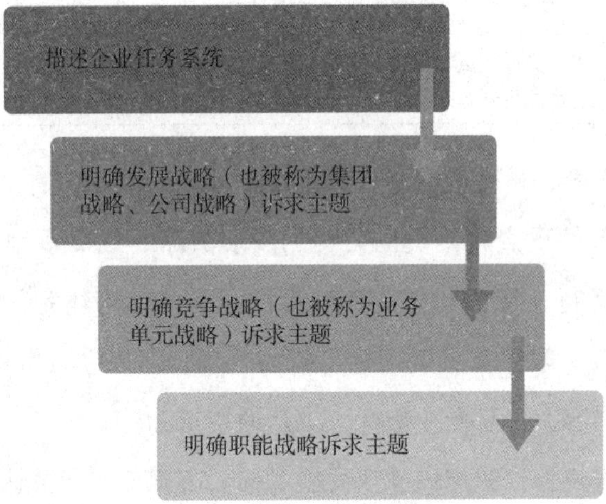

图 2–3 明确企业战略的四大流程

（1）描述企业任务系统。任务系统是企业使命、企业愿景、核心价值观、战略总目标等的集合体，如表2–4所示。

表2-4　企业任务系统的四大内容

内容	具体内涵
企业使命	企业在经济、社会中扮演的角色，能够创造的经济价值与社会价值
企业愿景	企业希望自身发展成一个怎样的组织，是一个需要长期奋斗才能实现的目标，体现了整个组织的未来愿望
核心价值观	企业判断是非的重要依据，是所有组织成员行为与决策要遵循的基本原则
战略总目标	是企业使命具体化的呈现，代表了企业发展过程中要实现的重要目标

（2）明确发展战略（也被称为集团战略、公司战略）诉求主题。发展战略体现了企业的业务范围、现有业务组合及未来的拓展规划、采取收缩或增长型发展战略、专注于某一领域或多元化经营，以及如何定位产品、目标客户及市场等。

（3）明确竞争战略（也被称为业务单元战略）诉求主题。竞争战略体现了各业务单元要如何参与市场竞争，例如低成本、差异化、集中突破等。

（4）明确职能战略诉求主题。职能战略体现了企业提高自身市场竞争力的手段，尤其注重实操性、可行性，可以从研发、采购、生产、营销、物流、人力资源、财务等多个环节着手提高企业的市场竞争力。

任务系统具有一定的稳定性，是一定周期内企业要实现的目标。虽然发展战略需要持续优化，但其整体方向在一定周期内不会发生明显变化；竞争战略则要结合具体情况进行动态调整；职能战略可以理解为实现公司战略与业务战略需要采用的具体手段。

2.2.2　Step 2：绘制组织战略地图

绘制组织战略地图是指对企业战略涉及的一连串假设进行分析，将其转化为一系列具体因果关系链，并基于因果关系链描绘战略地图。战略地图绘制方案是利用价值树模型对企业战略目标由上到下，从财务、客户、内部运营、学习成长四个维度进行逐层分解。当然，可以用KPI取代企业战略目标，不过大部分企业的KPI在该时间节点尚未制定完成。

将企业平衡计分卡中的多种衡量性目标纳入一条因果关系链中，是战略地图的重要价值，它使企业期望达成的目标与影响这些目标实现的关键因素相关联。战略地图让企业战略目标之间的因果关系变得可视化，通过对平衡计分卡四个层面的目标进行集成来描绘公司战略，并提出实现战略的有效途径，如表2-5所示。

表2-5 利用平衡计分卡绘制组织战略地图的四个层面

四个层面	具体内容
财务层面	企业各项活动开展能够带来的财务结果，是公司为股东创造价值的直接体现
客户层面	企业如何通过满足内部客户及外部客户需求推动组织发展
内部运营层面	企业应该建立怎样的经营流程体系，在吸引并留住目标客户的同时，创造较高的经营利润
学习成长层面	为了实现战略目标，员工、部门及组织需要具备怎样的能力等

虽然平衡计分卡提出者强调上述四个层面的目标都应该设计4～7个指标，但在管理实践中，企业用2个指标就能比较精准地描述平衡计分卡四个层面的目标。因此，出于成本控制与提高效率两个方面的考虑，企业最好将指标数量控制在3个以内。

2.2.3 Step 3：进行因果关系分析

平衡计分卡的一个主要目的就是将企业的发展战略明确表示出来，代表公司管理层对如何实现企业目标所做出的设想，这些设想明确了企业重要目标与其他不同目标之间的关系。通过对多种要素之间的因果关系进行分析，管理层的设想就可以逐步明确。因此，对各绩效指标之间的因果关系进行分析至关重要，可以采取以下几种方法进行：

◆识别战略主题

职责分析法（Function Analysis System Technique，FAST）是识别战略主题的常用手段。企业价值链涵盖产品研发、生产经营、市场营销、采购供应、客户服务等多个重要环节，还包括IT、法律、财务、企业文化、人力资源、行政后勤等多项辅助环节。这提醒我们在识别战略主题的过程中要统筹兼顾，将其逐层分解到各个部门，并从中寻找推动战略主题与目标实现的关键因素。

◆明确部门使命

对战略主题进行逐层分解，在这个过程中要明确部门使命，为实现公司与部门利益奠定坚实的基础。明确部门使命时，需要和各部门管理者进行充分沟通与协商，以得到各部门的认可与支持。关于部门使命，认识到以下三点尤为关键：

（1）部门使命并非简单地堆砌部门职责，而是要体现部门职责与目标、工作范围与具体内容等。

（2）部门使命应该结合企业战略目标制定，为战略目标实现提供推力。

（3）从部门使命中，我们可以找到部门存在的意义与价值，在组织中的角色定位与职能等。

需要指出的是，在这个过程中，企业还要完成对企业价值链流程的优化完善，以及对组织架构的系统梳理。

◆用价值树模型寻找因果关系

也就是通过价值树模型厘清组织内部流程和战略主题间的因果关系。价值树模型在分析因果关系链方面有较好的实践效果，能够帮助我们方便快捷地找到流程和战略主题间的逻辑关系。

具体策略为：先找出公司战略地图中的衡量性目标，然后找到与之对应的关键绩效指标，之后明确驱动这些指标的关键流程，最后明确关键流程绩效指标。同时，明确战略主题、战略主题关键绩效指标、关键驱动流程分析、关键流程绩效指标等内容。

在价值树模型的支持下，我们可以快速找到不同指标间的因果逻辑关系，并将指标纳入平衡计分卡内，这就意味着战略地图描述从此前的"以目标描述"转变为"以指标描述"。

◆建立因果关系分析表

利用价值树模型建立因果关系后，结合价值树模型图中为我们提供的结果性指标（也称滞后性指标）或过程性指标（也称驱动性指标）的对应关系，可以将结果性指标或驱动性指标填入因果关系分析表中。

2.2.4 Step 4：落实企业绩效指标

部门是推动公司战略落地的重要主体。企业在确定各部门指标时要运用平衡计分卡，同时设计月度、季度、年度指标，强调公司战略实现结果的同时，也要注重实现过程。有些指标需要从公司层面进行考核，有些指标则需要从部门层面进行考核。通常来说，年度指标等结果性指标适合从公司层面进行考核，而月度、季度等过程性指标适合从部门层面进行考核。

公司性指标或部门性指标都是通过具体岗位中的员工实现的，所以，岗位性指标要素设计扮演着十分关键的角色，是战略绩效体系设计的重点。为此，我们要结合组织层级及职位序列，充分考虑公司战略、部门职能、岗位职责及业务流程，确保考核指标是员工付出一定努力就可以实现的。

指标要素设计的工作内容主要包括设计岗位绩效考核表和设计考核

指标内容两大部分，具体分析如下：

（1）设计岗位绩效考核表。不同公司对该表的具体命名存在一定差异，例如，有的公司将其称为岗位目标责任书，有的公司将其称为绩效合约，有的公司将其称为KPI协议书，等等。设计过程中要将定量指标KPI和定性指标GS（Goal Setting，工作目标设定）及能力素质指标CI（Competency Indicator）相结合。

（2）设计考核指标内容。具体涵盖责任人、指标设定目的、指标名称、指标编号、指标定义、数据来源、考核周期、考核指标权重分配、考核指标计分方法、考核评分标准等多项内容。

2.3　战略绩效的价值评估

2.3.1　战略目标制定及管理流程

在对绩效管理进行价值评估时，企业应该重点关注绩效管理的有效性。具体而言，企业可以从以下角度分析企业绩效管理是否有效：

◆战略目标的制定

战略目标是企业实施绩效管理的支撑，能够体现绩效管理对企业总体发展的价值。从长期发展的角度看，企业实施绩效管理就是为了实现自身的战略目标，通过进行目标分解，以具体行动来达成各个分目标。

企业要根据战略目标实施绩效管理，最终促使战略目标实现。在这个过程中，人力资源部门负责战略目标的制定，还要对总体目标进行阶段性划分，明确企业当年的发展方向，并在此基础上，遵循目标管理的SMART原则为各个部门安排工作任务，建立部门绩效目标，再将具体任务分配到员工个人，建立针对员工的绩效目标。因此，在面向员工开展绩效评估时，首先要考虑企业是否制定了清晰的战略目标，各级管理者对这个目标的把握程度如何，目标能否落实下去。

◆管理流程

有些企业的绩效管理仅局限在绩效考核上，没有形成完善的流程体系，导致企业的绩效管理停留在形式层面，难以发挥实际作用，员工的认可度也比较低。事实上，是否具备完整的流程体系，会在很大程度上影响企业绩效管理的有效性。如果企业的绩效管理流程存在某些环节的缺失，就难以实现有效的绩效管理。那么，如何判断企业是否拥有完整的绩效管理流程？不妨以PDCA循环理论对企业的绩效管理进行系统化分析。

绩效管理是一个持续的循环过程，在发现计划执行阶段存在的问题后，参与者会在PDCA循环过程中进行处理，其中有些难度较大的问题需要在后续循环中继续进行分析与解读。企业在实施绩效管理的过程中采用PDCA循环，能够实现绩效管理体系的优化。

企业在实施绩效管理的过程中，要遵循的基本流程如图2–4所示。

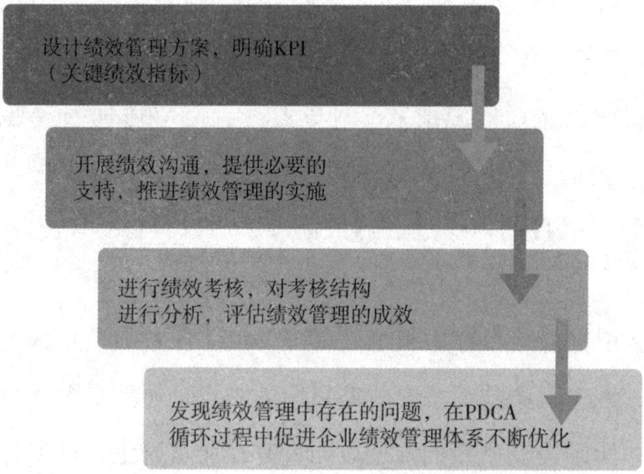

图2–4　企业实施绩效管理的四个基本流程

2.3.2 企业战略绩效的角色分工

对于员工在绩效管理中扮演的角色，很多企业缺乏清晰的认识，无法充分发挥绩效管理的作用。从这个角度来说，在评价企业的绩效管理时，要将角色分工作为重点考察对象。

很多情况下，企业在实施绩效管理时，无论管理者还是基层员工，对于自己承担的工作都缺乏清晰认识，无从得知自己要付出怎样的行动、应该采取什么方法。在这种情况下，不少管理者及员工缺乏主动性，对绩效管理工作比较懈怠，需要企业的人力资源部门不断提醒，甚至需要管理者亲自上阵进行处理。

无论什么类型的工作，企业要想达到预期的完成效果，就应该做好前期分工，按照分工计划明确工作执行过程中需要遵守的原则，确保员工明确自身的职责。那么，企业实施绩效管理时，如何进行有效分工呢？一般来说，参与绩效管理的企业管理者与员工分属于不同的层级，从上到下依次为高层管理者、人力资源部门负责人（HR经理）、直线经理与员工。

◆高层管理者

高层管理者作为企业绩效管理的促进者与支持者，具体承担的工作如表2-6所示。

表2-6 高层管理者的工作职责

序号	工作职责
1	参与企业绩效管理，开展内部动员活动，支持企业在内部推行绩效管理，并向员工表明企业变革的决心
2	带领相关人员制订企业的绩效管理计划，确保该计划适合企业的具体情况
3	主持面向管理者的绩效管理培训活动
4	主持内部会议，就企业的绩效管理计划展开讨论与分析，加深管理者对绩效管理的认识

续表

序号	工作职责
5	在绩效管理实施过程中发挥协调作用，推进绩效管理工作的执行
6	对下层管理者进行绩效考核，与他们开展绩效沟通
7	对绩效管理体系进行调整与完善，逐步优化企业的绩效管理

◆HR经理

HR经理作为企业绩效管理的组织者，为各方参与者提供专业信息解答，承担的具体工作如表2–7所示。

表2–7　HR经理的工作职责

序号	工作职责
1	在自身掌握绩效管理知识的基础上，在企业管理者中进行普及，承担推广工作，提高全体员工对绩效管理的认可度，确保员工能够正确认识企业的绩效管理
2	组织管理者完成绩效管理的培训课程，通过这种方式提升其管理能力
3	依据企业的实际情况，担负绩效管理制度的设计工作
4	要求直线经理制定针对员工的绩效目标
5	要求直线经理与员工进行绩效沟通
6	提醒直线经理对员工的业绩情况进行统计与分析
7	督促直线经理实施绩效考核，并将考核结果反馈给员工
8	督促直线经理为员工的绩效目标调整及优化提供支持
9	督促直线经理获取绩效管理工作的反馈意见
10	检查绩效管理体系的实施情况，向企业领导汇报
11	改进企业的绩效管理体系

◆直线经理

直线经理作为绩效管理的执行者，负责具体工作的开展，并将执行中出现的情况向人力资源部门报告，具体承担的工作如表2–8所示。

表2-8 直线经理的工作职责

序号	工作职责
1	对企业的绩效管理制度进行全面、深入的理解与分析
2	根据实际情况改进、完善员工的职位说明书
3	与员工开展绩效沟通，确立KPI（关键绩效指标）
4	进行长期绩效沟通，帮助员工提高绩效
5	对员工的绩效进行统计，制定相关档案
6	对员工的工作完成情况进行考核与评估
7	向员工说明考核结果及相关情况
8	收集员工对企业绩效管理的反馈
9	为员工调整、优化绩效目标提供支持
10	向人力资源部门报告绩效管理实施情况

◆员工

员工是企业绩效管理的主要参与者，是企业提高绩效促进发展的主要动力来源。员工承担的具体工作如表2-9所示。

表2-9 员工的工作职责

序号	工作职责
1	理解企业的绩效管理体系
2	参与绩效指标的选择及确立
3	与管理者进行绩效沟通，从中获得必要的支持
4	对自身的绩效情况进行整理，为管理者实施绩效考核提供参考
5	根据经理的指导，对自身的工作绩效进行分析，根据分析结果调整绩效目标

2.3.3 实施绩效管理的工具表格

在拥有完整流程体系的基础上，为了促进企业绩效管理的高效执行，人力资源部门需要制定工具表格，为实施绩效管理的企业管理者提供工具支持。一般来说，企业在实施绩效管理的过程中，需要用到的表格有六类，如表2-10所示。

表2-10 企业实施绩效管理的六大表格工具

表格类型	主要功能
《员工关键绩效指标管理卡》	管理者会依据这个表格选定员工的绩效指标。在这里需要明确的一点是，这个表格并非用于绩效考核环节，而是在管理者与员工进行绩效沟通时发挥作用。其中，管理者可以参考表格内容来判定员工的工作是否遵循计划方向，员工可以参考表格来确定其工作目标。要提高企业绩效管理的有效性，就应该充分发挥表格的参考作用
《员工业绩档案记录卡》	管理者用这个表格来整理员工的业绩情况，并以档案形式进行归纳。以档案方式呈现员工的业绩表现，能够有效提高业绩评估的真实性与客观性，避免出现管理者主观决断的问题。如果不能确保绩效考评的公平性，在管理者与员工进行绩效沟通的过程中，就容易导致员工对绩效管理不满的情况发生
《员工绩效反馈卡》	管理者用这个表格分析员工的绩效表现。在面向员工开展绩效反馈的过程中，管理者对问题的分析与说明不应过于笼统，而是要围绕KPI（关键绩效指标）对问题进行分析。使用员工绩效反馈卡对反馈过程进行整理，体现整个过程中的工作重点，为后期管理者指导员工调整绩效目标提供参考
《员工绩效改进计划》	管理者用这个表格指导员工调整、优化绩效目标。通过开展绩效沟通，管理者对员工在工作中存在的问题进行反馈，为员工提供指导，帮助员工调整绩效目标，持续调动员工的积极性
《员工绩效申诉表》	如果员工对自己的绩效考核结果存疑，可以用这个表格进行申诉，确保绩效管理的公平性
《绩效管理满意度调查表》	这个表格可以将企业的绩效管理、管理者在绩效管理过程中给员工留下的印象反映出来，管理者可以依据这个表格改进自身的管理行为，促进企业完善绩效管理制度

2.3.4 绩效沟通反馈与应用诊断

绩效沟通与反馈是绩效管理的最后一个环节，也是绩效管理能够发挥作用的关键。企业想要做好绩效管理，必须注重绩效沟通与反馈，具体策略如下：

◆绩效沟通

在实施绩效管理的过程中，管理者要与员工开展深度的绩效沟通，双方对问题进行探讨，最终形成统一认知。在此期间，管理者及员工都可以参与到绩效目标指定的过程中，共同解决目标完成过程中遇到的问题，促使目标实现。在这个过程中，绩效沟通发挥着重要作用。

因此，企业在判断绩效管理体系的价值时，除了要分析绩效管理的硬件，还要将软件因素考虑在内，具体包括绩效沟通的环境条件、渠道支持情况、企业内部成员对绩效沟通的适应程度等。

◆绩效反馈

这个环节侧重于向员工提供绩效考核结果并围绕结果进行反馈。不少企业都忽视了反馈工作，或者直接省略了这个环节，或者只是敷衍了事，没有深度开展。存在这些问题的企业对绩效管理缺乏足够的重视，也没有给员工足够的交代。在绩效考核完成后，管理者有必要与员工开展面对面交流，确保员工接受考核结果，指导员工发现自身的缺点，帮助他们进行自我完善。只有完成了绩效反馈，企业的绩效管理才算完整，否则，其绩效管理的有效性就无从谈起。

◆关于结果的运用

企业要将绩效考核结果应用到对员工的管理中，在完成绩效考核之后，根据绩效制度的要求，为达到绩效目标的员工提供奖励，以持续调动这部分员工的积极性。另外，要对成绩比较落后的员工施以惩戒，体现企业在员工管理方面的公平性。如此一来，企业就能发挥绩效考核结果的作用，及时发现当前绩效管理体系存在的不足，据此改进企业的绩效管理体系。

◆诊断和提高

企业要对绩效管理体系进行检查，做全方位诊断。通常情况下，企业每年都会开展系统化的诊断工作，通过检查绩效管理体系的各个环节，找出其中存在的不足，提前预测可能产生的危机，对整个体系进行优化。

企业要明确绩效管理的目的，根据总体的战略发展方向开展具体的绩效管理工作，促使员工实现更高的个人绩效目标，为企业发展创造更多价值。在这个过程中，人力资源管理者要对绩效管理工作进行协调与控制，确保企业的绩效管理能够对整体发展产生积极的推动作用。

3 绩效管理流程实战

3.1 绩效计划的制订

3.1.1 绩效计划的内涵及价值

绩效计划指的是被评估者和评估者就员工应该完成的工作绩效进行沟通，并将沟通结果以书面形式呈现出来所生成的绩效计划和评估表，是双方在权责明确的基础上达成的内部协议。绩效计划设计要遵循从上到下的顺序，先是公司高层设计总体的绩效计划，然后将绩效目标分解到各个部门，最后落实到员工身上。对于子公司来说，这个过程就是经营业绩计划过程；对于员工来说，这个过程就是绩效计划过程。

作为绩效管理的一种工具，绩效计划体现了企业领导和基层员工承诺的绩效指标的严肃性，可以引导中高层领导将主要精力放在对公司最有价值的业务上，保证公司的年度工作计划可以顺利完成，战略发展目标可逐步实现，在企业内部形成一种强调绩效的文化氛围。

对于绩效管理体系的打造来说，绩效计划是非常关键的一环，企业可借此形成一种科学的管理机制，有机整合股东利益和员工个人利益。目前，绩效计划的价值已经被国内外很多公司认同和接受。下面我们通过一则案例来分析绩效计划的价值。

某公司最近一年取得了不错的销售业绩，领导决定为员工加薪，要求人力资源管理部门设计一套绩效考核方案，根据绩效考核结果来确定加薪人员以及薪酬增幅。最终，经过绩效考核，该公司将绩效考核结果划分为A、B、C、D、E五个档，如表3-1所示。

表3-1　某公司绩效考核方案

考核结果	考核分数	考核方案
A档（出色）	5分	员工在规定时间之前完成任务，任务完成质量、数量均高于规定的标准，获得来自客户的高度评价，加薪比例40%
B档（优良）	4～4.5分	员工总是在规定时间内完成任务，经常提前完成任务，任务完成数量、质量经常高于规定标准，获得来自客户的满意评价，加薪比例为15%～20%
C档（可接受）	3～3.5分	员工基本上在规定时间内完成任务，任务完成质量、数量能够达到规定的标准，没有收到过客户的不满意投诉，加薪比例为5%～10%
D档（需改进）	2.5分	员工在工作中经常出现纰漏，经常无法在规定时间内完成任务，任务完成质量、数量等都达不到规定的标准，偶尔会收到顾客的不满意投诉，没有加薪
E档（不良）	2分及以下	员工在工作中出现重大失误，任务完成质量或数量达不到规定标准，经常突击完成任务，经常收到客户的不满意投诉。对于这类员工，企业需要根据具体情况做出降职或者辞退处理

绩效管理和目标管理相结合，通过确定企业、部门、个人的工作目标，明确各自的工作重点，并利用早会、晚会、三级会议体系、三级报告体系等行政手段对绩效目标实施过程进行有效控制，以增强企业的凝聚力、执行力，进而提升企业的整体反应能力。

3.1.2 绩效计划与评估要素

员工绩效计划与评估主要包含以下要素，如表3–2所示。

表3–2 绩效计划的具体内容

序号	要素	具体内容
1	被评估者信息	主要包括被评估者的职位、工号、级别等。通过被评估者信息，评估者可以获知被评估者在公司的职位、级别及薪酬水平，建立一体化的人力资源管理体系
2	评估者信息	评估者信息包括评估者的姓名、职位、级别、工号、所属部门等，方便了解被评估者的直接负责人与管理部门。从业务管理权限来看，评估者一般为被评估者的上一级正职，或者正职授权的副职
3	关键职责	主要包括被评估岗位的主要职责，为绩效计划与评估内容的制订提供基本依据，为评估者调整绩效计划与评估内容提供有效支持
4	绩效计划及评估内容	主要包括两部分内容：一是关键绩效指标；二是工作目标完成效果评价，可以用来对被评估者的工作成果进行全面衡量，是绩效计划的主要内容
5	权重指标	根据绩效计划与评估内容确定绩效评价指标，并确定各指标的权重，体现各项工作对公司整体绩效的影响程度，帮助绩效考核人员了解不同职位在绩效考核指标权重设置方面的规律
6	指标值的设定	围绕关键绩效指标设置目标值与挑战值，对指标实际完成情况与指标所得绩效分值之间的关系做出明确界定，按照各项指标的评估标准与时间对各项工作的完成情况做出科学评价
7	绩效评估周期	绩效评估周期一般设定为一年。对于市场人员、销售人员等特定岗位的员工，绩效评估周期可以根据工作特点设定为月度或者季度，并设置相应的考核指标
8	能力发展计划	主要包括员工发展需要具备的技能、知识等，将企业对个人能力的要求落实到人，让员工明确自己需要提升哪些方面的能力，如何实现更好的成长与发展

在企业绩效管理的过程中，有些管理者与员工经常混淆绩效目标、岗位职责、工作计划三个概念，在“绩效目标”“岗位职责”两个栏目中填写的内容大同小异，或者将绩效目标与阶段性工作计划混淆，填写相同内容。其实，这些概念之间存在显著区别。例如，对于会计岗位来说，

岗位职责可以描述为“每月按时完成会计报表”，绩效目标可以确定为“控制或降低成本”。再例如，对于市场部经理来说，绩效目标可以描述为“年底之前将产品A的市场占有率提高5%”，阶段性的工作计划可以描述为“第一季度完成某项促销活动”。如果将这些概念混淆，就会导致绩效计划中包含太多重复性内容，毫无重点。

为了对绩效目标、岗位职责、工作计划做出明确界定，绩效管理人员首先要明确这三个概念的具体内涵。绩效目标指的是公司、部门、员工要在绩效考核周期内完成的工作目标；岗位职责指的是某个岗位需要承担的工作任务；工作计划指的是员工在某个阶段要完成的工作内容，要实现的工作目标。在制订绩效计划之前，绩效管理人员要明确这三个概念的具体内涵，做出精准描述。

3.1.3 制订绩效计划的九个原则

绩效计划的制订不能盲目，要遵循一定的原则，具体如表3-3所示。

表3-3 绩效计划制订的原则

绩效计划的原则	具体内容
价值驱动原则	绩效计划的制订要与提升公司价值、追求股东回报最大化的宗旨相契合，体现以价值创造为核心的企业文化
流程系统化原则	企业的绩效计划要与企业的战略规划、资本计划、经营预算计划、人力资源管理等计划一脉相承，配套使用，要与企业的发展战略、年度绩效计划保持一致。企业制定绩效计划的最终目的是保证公司的总体发展战略与年度生产经营目标能够稳步实现，因此绩效考核内容的选择与绩效考核指标的确定要以公司的发展目标为核心，自上而下逐层分解、确定
突出重点原则	员工承担的工作职责越多，取得的工作成果也越多。但企业在制订绩效计划、设定关键绩效指标与工作目标时不能考虑太多，而是要突出重点，选择与公司价值紧密相关的绩效指标与工作目标。一般来说，员工绩效计划最多确定6个关键指标，工作目标的数量要控制在5个以内，以免分散员工的注意力，而制约了关键绩效指标与工作目标的实现

续表

绩效计划的原则	具体内容
可行性原则	绩效计划中的关键绩效指标与工作目标必须在员工可以控制的范围内，必须与员工的工作职责与权利相契合，以免绩效计划规定的所有目标都无法实现。同时，绩效计划确定的各项目标要有一定的挑战性，可以对员工产生激励作用。但目标设置得不能过高，以免让员工产生挫败感，打击员工工作的积极性。另外，企业绩效计划的制订可以吸取其他公司的经验，结合公司的实际情况，制定切实可行的关键绩效指标与工作目标
全员参与原则	企业要鼓励基层员工与中高层管理者参与绩效计划的制订，将各方潜在的利益冲突暴露出来，然后通过政策性程序解决这些冲突，保证绩效计划的合理性、科学性
足够激励原则	企业要将绩效考核结果与各种奖励措施挂钩，包括薪酬奖励及其他非物质激励等，提高绩效突出者的薪酬水平，打破分配上的平均主义，秉持奖优罚劣、奖勤罚懒、激励先进、鞭策后进的原则，在企业内部形成突出绩效的文化
客观公正原则	企业要保证绩效考核的公平性、透明性，开展跨组织等级的绩效考核与沟通，对员工绩效进行系统、客观的评价。对于工作性质、工作难度相差无几的员工，企业要制定基本一致的绩效考核标准，保证绩效考核过程的公平性
综合平衡原则	绩效计划要对关键绩效指标进行合理分配，对工作目标完成情况进行科学评价，从而对与职位有关的全部重要职责做出科学评价
职位特色原则	绩效计划要围绕各个职位来制订，薪酬体系要将不同的职位划入有限的职级体系。有一些职位看似相似，但其实各有特点，绩效管理体系要将各个职位的特色展现出来。这就要求绩效计划在设计考核内容、考核形式与考核目标时，要对不同业务、不同部门中类似职位的特性与共性进行充分考虑

3.1.4 制订绩效计划的六大步骤

一份完整的绩效计划的制订需要经历六大步骤，如图3-1所示。

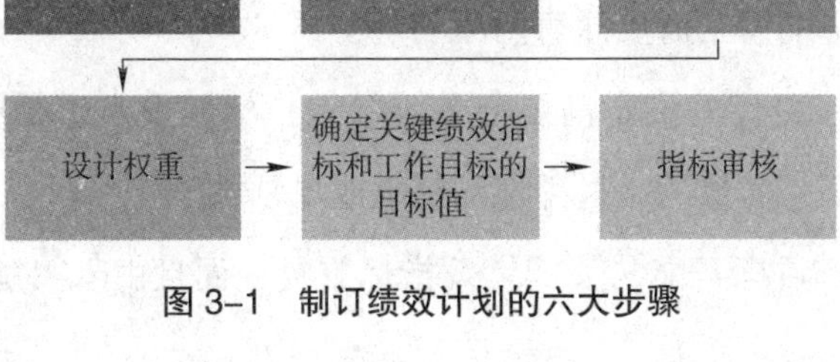

图 3-1 制订绩效计划的六大步骤

◆步骤一：梳理职位职责

职位职责的界定主要由HR协助公司高层管理者利用工作分析的方法，用准确、精练的语言对目标职位的主要工作内容以及要实现的工作成果进行描述。只有对职位工作职责做出精准界定，才能合理设定关键绩效指标，做好绩效计划。在对职位职责做出精准界定之后，才能开始设定关键绩效指标。

◆步骤二：设定关键绩效指标

设定关键绩效指标指的是以公司的战略规划、业务计划、职位工作职责为依据，围绕某一岗位制定可以量化衡量的、具有代表性的关键绩效指标。具体来说就是各级经理以直接下级的主要职责为依据，与本部门的关键绩效指标相结合，通过与被考核人沟通设定关键绩效指标。需要注意的是，关键绩效指标的设定必须做到科学合理，将绩效管理的激励约束作用充分发挥出来，使员工的绩效水平得到切实提升。实践证明，关键绩效指标的数量在4~8个为佳。

◆步骤三：工作目标设定

不同职位的工作性质不同，不是所有职位都可以用关键绩效指标进行量化衡量。以公司的职能部门为代表，其工作内容大多无法进行量化衡量。对于这些岗位，各级经理需要加强与被考核人的沟通，根据被考核者的职位职责与工作性质，结合公司的发展战略、业务发展规划等，将一些长期性、辅助性的工作纳入工作目标评价，作为对关键绩效指标的补充。

工作目标的设定需要注意两大问题：

（1）工作目标的设定需要与关键绩效指标的设定遵循同样的原则，将重点放在不易衡量的、过程性的绩效成果领域。

（2）工作目标不能与关键绩效指标重复，而且由于关键绩效指标对工作绩效的衡量更精准、更客观，所以工作绩效衡量首选关键绩效指标，无法用关键绩效指标衡量的领域，才通过设定工作目标进行评估。

◆步骤四：设计权重

在绩效指标体系设计中，分配各个考核指标的权重是非常重要的一项内容。绩效计划制订的最后一步就是通过对被评估者的职位性质、工作特点等内容进行分析，确定每项绩效考核指标在整个指标体系中的重要程度，为每个指标赋予相应的权重，以保证绩效考核结果的科学性、合理性。确定各绩效评估指标权重的方法主要有三种，如表3-4所示。

表3-4　确定各绩效评估指标权重的三种方法

方法	具体描述
合理分配关键绩效指标与工作目标的权重	在公司的绩效计划中，高层管理人员一般只设置关键绩效指标，不设置工作目标完成效果，人力资源部、财务部、总经理办公室等职能部门，通常要设置工作目标进行绩效评估。至于关键绩效指标与工作目标的权重，各企业、各部门要根据自己的实际情况来确定
确定关键绩效指标的权重	关键绩效指标权重设计要注意以下问题：一些通用类指标在各部门绩效考核指标体系中所占权重要保持统一，以体现绩效考核的公平性、一致性，这类指标包括客户满意度、部门预算费用执行情况、部门员工流失率等，每项指标的权重不能少于5%。为了体现各绩效考核指标的重要程度，其权重可以以5%的倍数增减
确定工作目标的权重	工作目标绩效评估与关键绩效指标评估不同，各项工作目标的权重之和要达到100%。一般来说，在某部门的绩效考核中，工作目标设置3~5项，权重分配比较容易拉开差距

◆步骤五：确定关键绩效指标和工作目标的目标值

绩效计划中的指标值主要用来判断被评估者是否达到了公司期望，指标值设计的科学性直接决定着企业绩效管理体系设计的公平性。关键绩效指标和工作目标由评估者与被评估者商议确定，要覆盖绩效计划的每一项内容，包括关键绩效指标的目标指标、挑战目标、工作目标完成效果的衡量标准等。

关键绩效指标与工作目标的设定过程存在较大区别。关键绩效指标主要包括企业或部门的重要运营成果，目标值设定与企业的经营目标息息相关，涉及公司战略规划、企业预算、行业竞争、企业内部资源等诸多内容，需要通过正式评估与测试予以确定。工作目标完成效果评估常用于对基层工作人员与管理支持部门的工作过程进行评估，工作目标的设定通常由经理人与员工沟通完成。下面，我们对关键绩效指标目标值的确定方法进行具体分析。

一般来讲，关键绩效指标的目标值主要包括两大类，一类是目标值，另一类是挑战值，如表3–5所示。

表3–5　关键绩效指标的两类目标值

目标值类型	具体描述
目标值	目标值指的是恰好达到公司对某岗位工作的期望时，该岗位各绩效考核指标的完成标准，在企业内部主要表现为在经营环境、管理水平都正常的情况下，各部门应达到的绩效标准。一般来说，目标值的确定可以以年度经营计划、财务预算、职位工作计划等为依据，以公司提出的指导性意见为参照，由管理者与员工协商确定，保证目标值完成的可能性超过80%。另外，公司可以参照类似指标在相同市场环境下的平均水平确定目标值，并根据具体情况对目标值进行灵活调整
挑战值	挑战值指的是公司对被评估者在某一项绩效考核指标完成方面能达到的最高水平的期望。一般来说，关键绩效指标挑战值完成的可能性要超过30%。挑战值的设定要以基本目标值为基础，考虑实际工作绩效是否会在基本目标的水平上发生较大波动。如果指标的波动性比较强，就要设置较高水平的挑战值

从理论上来讲，无论关键绩效指标的目标值还是挑战值，都应该由评估者与被评估者协商确定。目标值与挑战值确定之后，要按照管理权限进行审定，审定周期一般为一年，一经审定一般不再进行调整。如果遇到不可抗拒因素必须进行调整，则由被评估者以书面形式向评估者发出申请，按规定程序进行审批，获得批准之后可对目标值、挑战值进行调整。如果没有获得审批，则按照原定的目标值与挑战值执行。

目标值、挑战值的确定要秉持公平公正的原则。对于相同类型的职位，目标值、挑战值可以因为自然条件、经营环境、企业资源等条件的不同存在一定的差异，但不能因为个人能力、过去绩效水平的不同而存在差异。例如，A和B是同一岗位上的两名员工，A的工作能力较强，B的工作能力较差，管理者不能因此给A设定较高的目标值，要保证A和B的目标值、挑战值相同，以保证绩效考核的公平性。

◆步骤六：指标审核

指标审核主要是从横向与纵向两个方向对指标设计是否一致进行检查。从横向看，要对相同部门、职位的关键绩效指标与工作目标设定进行检查，判断指标类型与权重设置是否一致；从纵向看，要以公司发展战略、业务计划、职位工作职责描述等为依据，对上级考核指标的落实情况与分解情况进行检查，保证绩效考核能够对公司整体战略目标的实现产生积极的推动作用。

3.2 绩效辅导与沟通

3.2.1 绩效辅导的六项主要内容

绩效辅导指的是管理者与员工围绕工作进展，在工作过程中遇到的问题与障碍，问题解决方案，员工取得的成绩，需要什么帮助等问题进行讨论的过程。具体来看，绩效辅导主要包括六项内容，如表3-6所示。

表3-6 绩效辅导的六项主要内容

绩效辅导的内容	具体事项
阶段工作目标完成情况	绩效计划实施一段时间之后，管理者与员工需要参照绩效计划每个时间节点的要求，对每项工作的完成情况进行分析讨论。如果发现实际工作进展比绩效计划落后，或者工作完成质量存在问题，要对问题进行深入分析，找到原因，及时采取补救措施，以完成工作目标

续表

绩效辅导的内容	具体事项
员工工作中的优秀表现	管理者通过对员工过去一段时间的工作表现进行审视，发现员工在工作中的优点，对其提出表扬，对员工产生正向激励，鼓励员工保持干劲，不断改善并优化自己的工作行为。为了做到这一点，管理者在日常工作的过程中要善于发现，针对具体事件对员工提出表扬，用语要真切，要让员工明确哪些行为是值得鼓励的，从而在以后的工作过程中向着该方向努力
员工工作中需要改进的方面	对于管理者来说，直接指出员工在绩效方面的不足比较困难，但在绩效管理的过程中这一点非常必要。因为只有发现员工的不足，才能纠正员工的行为，让员工明确工作改进方向与目标。因此，在绩效辅导过程中，管理者要通过具体事件指出员工的不足，与员工一同探讨原因，提出改进意见，帮助其实现更好的成长与发展
员工工作中遇到的困难	在绩效辅导过程中，管理者要主动询问员工在工作过程中遇到的困难，共同探讨困难的成因，找到有效的解决方案。如果困难来源于员工的技能不足或者知识缺陷，管理者可以鼓励员工参与培训与辅导；如果困难来源于外部，管理者可以从资源、职权等方面为员工提供支持，帮助员工克服困难
协助下属改进工作计划	如果管理者发现员工的工作方向偏离既定目标，要及时帮员工调整方向，根据目前的工作进展与员工进行讨论，制定改进方案
下一阶段的绩效目标、行动计划的确认	管理者通过与员工沟通讨论确定工作目标，对工作进度表与考核计划进行全面检查，让员工明确绩效管理的总体目标、阶段性目标，及时反馈，并确定下一阶段的行动计划

综上所述，绩效辅导应该涵盖目标辅导、工作进展情况辅导、下一步工作计划辅导及支持辅导等内容。只有这些内容全部可控，员工的绩效计划才能达到预期效果。

3.2.2 绩效辅导沟通的方式选择

员工的工作能力、所承担工作的难易程度不同，所采取的绩效辅导方法也不同。新员工的知识与经验都比较缺乏，所以绩效辅导的主要任务是帮助他们按照既定的工作流程完成任务，培养其独立完成任务的能力；对于拥有一定工作经验、可以独立完成工作的员工来说，绩效辅导主要从工作方法层面切入，指导员工亲自实践；对于已经熟练掌握工作技巧的员工来说，绩效辅导的主要任务就是为其提供工作方向，鼓励员工积极尝试新方法，提高员工工作的积极性与创造性。具体内容如图3-2所示。

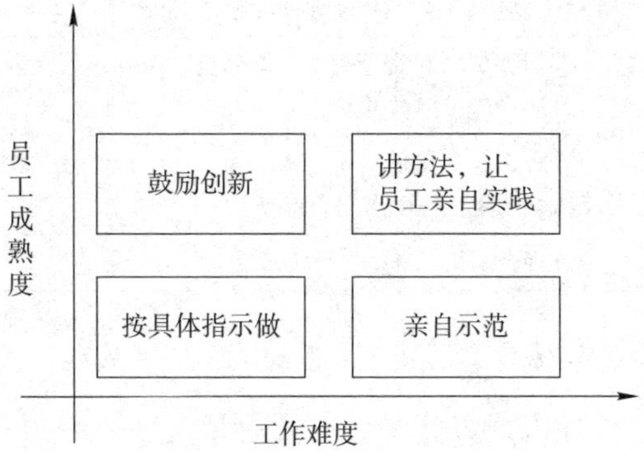

图 3-2 绩效辅导的方式选择

◆绩效辅导沟通的方式与内容

绩效辅导沟通可以选择正式的方式，也可以选择非正式的方式。正式的绩效沟通方式包括定期的书面总结、定期的部门会议、一对一的正式面谈等，具体来讲包括月度总结、季度总结、部门月度例会和季度例会等。非正式的绩效沟通方式包括茶话会、联欢会等。绩效辅导沟通方式与内容具体如表3-7所示。

表3-7 绩效辅导沟通方式与内容

沟通类别	沟通方式	沟通内容
正式沟通	书面总结	员工通过文字、图表等形式向上级汇报工作进展，并将工作中遇到的问题、需要的帮助都写进总结，以获得领导的支持与帮助，常见的形式有周工作总结、月度工作总结、季度工作总结等
	部门会议	部门召开会议，就各自的工作情况进行说明，部门管理者借此了解部门绩效目标的完成情况，并对其中存在的问题进行纠正，确保部门发展坚持正确的方向
	一对一面谈	一对一面谈可以让管理者与员工进行深入交流，让双方的信息对接更加顺畅、高效，从而建立更加融洽的上下级关系

续表

沟通类别	沟通方式	沟通内容
非正式沟通	走动式管理	在日常工作过程中，管理者随机走到员工岗位上，现场与员工交流，解决员工在工作中遇到的问题
	非正式会议	部门聚餐、联欢会或下午茶休息时，管理者在轻松愉悦的氛围中与员工交流，指导员工工作
	实时在线	管理者与员工通过企业内部网络、微信等社交软件随时随地在线交流，解决工作中遇到的问题
	电话沟通	管理者与员工通过电话进行交流

◆书面总结的具体内容

在上述绩效辅导沟通方式中，书面总结与一对一面谈结合使用的效果最好。书面总结可以让员工对问题进行客观思考，对自己在工作中的绩效表现以及存在的问题产生清醒认知。员工定期提交书面总结可以避免工作时间安排上的冲突，但书面总结只能实现信息的单向流动，不支持员工与管理者进行双向沟通，可能导致理解偏差。为了解决这一问题，可以将一对一面谈与书面总结结合使用。

具体来看，一个完整的书面总结应该包含的内容如表3-8所示。

表3-8 书面总结的具体内容

形式	工作日志、周总结、月度总结、季度总结、年度总结
内容	陈述目标完成情况，即用事实和数据陈述指标完成情况
	优秀业绩表现分析，包括具体事例分析及从中提炼出的、可借鉴的经验
	不足业绩表现分析，包括失败案例分析及失败原因分析
	工作中面临的挑战与机会，包括SWOT分析、竞争对手分析、市场现状等
	绩效改进要点与行动措施，能力提升要点与方法
	需要得到的支持与帮助
	目标调整方向及新目标确定建议

3.2.3 绩效辅导的五大步骤

从某种程度上说，员工绩效水平与管理者的管理水平密切相关。如果管理者能够很好地履行管理职责，做好绩效辅导，在工作中多与员工沟通交流，为员工提供必要的帮助，就能提升员工的绩效水平，帮助员工完成绩效目标。那么，管理者应该如何做好绩效辅导，帮助员工改进绩效呢？具体来看，绩效辅导需要遵循五大步骤，如表3-9所示。

表3-9 绩效辅导的五大步骤

步骤	措施	具体事项
第一步	明确目标，厘清差距	首先，管理者要明确员工的既定目标，判断员工是否完成了目标。如果没有完成，员工现在所取得的成绩与既定目标之间有多大差距？如果员工完成了目标，那么管理者应该采取何种激励措施，鼓励员工在下一个考核周期再接再厉，创造更好的绩效？也就是说，无论员工的绩效考核结果如何，管理者都要对其进行绩效辅导，只是辅导内容与方式存在一定的区别。总之，绩效辅导的第一步就是明确差距，制定有针对性的绩效辅导方案
第二步	寻找原因，标本兼治	如果员工的绩效考核结果不好，管理者要帮助员工探寻原因。这里的原因包括员工自身出现的问题，也包括公司环境、流程、机制等方面的问题。其中，员工自身的问题包括知识技能不足、方法策略有误、工作态度不佳、努力程度不够、绩效考核目标过高等。管理者要帮助员工进行深入分析，区分出表面原因与根本原因，制定有针对性的措施，从根源上解决问题
第三步	对症下药，制定措施	明确员工现有成绩与绩效目标之间的差距，找到导致员工绩效考核成绩不佳的根本原因之后，管理者要对症下药，采取有效的干预措施，帮助员工解决问题、克服障碍、提升绩效，完成既定的绩效考核目标。例如，如果发现导致员工绩效考核结果不佳的主要原因是知识技能不足，那么管理者可以为员工安排培训，为其指派一名“师傅”，帮助其提升工作技能；如果发现导致员工绩效考核结果不佳的主要原因是天赋条件与岗位不适应，管理者可以为员工调换岗位，帮助员工充分发挥其特长
第四步	督促实施，认真推进	管理者要按照为员工量身定制的绩效改进方案，督促员工按部就班地认真实施，保证绩效改进方案发挥出应有的效果。在督促员工落实绩效改进方案的过程中，管理者可以帮助员工改变工作行为、端正工作态度，激发其工作的积极性。在这个过程中，管理者可以发挥带头作用，以身作则，带领员工适应各项工作，帮助员工改善绩效

续表

步骤	措施	具体事项
第五步	评估改善，追踪督导	在绩效改进方案实施一段时间之后，管理者要查看方案实施效果，即员工的绩效水平是否达到了预期。如果绩效改进效果不佳，要判断是方案有问题，还是员工没有按照方案执行，又或是公司没有提供必要的支持。如果绩效改进效果达到了预期，可以对绩效辅导前后的绩效考核成绩进行对比、总结，找到更好的绩效改进方法。在绩效改进方案实施的过程中，管理者要持续跟进，确保员工的绩效考核成绩达到预期，绩效辅导任务才算圆满完成

企业面向员工的绩效辅导无法一蹴而就，只能循序渐进、稳扎稳打，一步步改进员工的工作行为、工作态度，提升员工的工作能力，完成绩效辅导目标，提升员工的工作绩效，直至实现公司的整体绩效目标。

3.2.4 绩效辅导的两大认知误区

在整个绩效管理的过程中，绩效辅导属于中间环节，耗时最长，直接影响着绩效管理的成败。绩效管理要求管理者与员工共同参与，且二者要形成绩效伙伴关系，共同完成绩效目标。因此，在绩效辅导的全过程中，管理者要与员工开展持续不断的沟通，通过这种方式收集数据，为绩效考核提供强有力的依据。

在绩效管理过程中，绩效辅导是最容易被忽视的一个环节。很多人认为绩效管理就是绩效考核，考核结束就意味着绩效管理工作的完成，其实并非如此。除此之外，绩效辅导还有两大误区，具体分析如下：

◆误区一：绩效实施是员工自己的事情，经理的职责主要是监督和控制

在企业的绩效管理中经常出现这种情况：部门负责人月初制定月度绩效考核目标，确定工作重点，然后就放任部门员工自行发挥，等待月底进行绩效考核。在这种工作方式中，部门负责人忽略了一点：部门是一个整体，只有每位员工出色地完成绩效目标，部门的绩效目标才能完

成，部门负责人的绩效目标也才能完成。反之，如果员工的绩效考核结果不佳，部门负责人的绩效考核成绩也不会很好。

因此，部门负责人必须转变观念，认识到绩效辅导的重要性，通过绩效辅导提高员工的工作能力，帮助员工完成绩效目标。在日常工作过程中，部门负责人要密切关注员工各项工作的开展情况。如果员工在工作中遇到困难，负责人要及时提供帮助，从监督、控制转变为引导、帮扶，切实提升员工的绩效考核成绩，优化部门的绩效考核结果。

◆误区二：花费时间和精力记录员工的绩效是一种浪费

很多部门经理重视业务，忽视管理，认为在记录员工绩效方面投入太多时间与精力是一种浪费，因此在绩效考核环节随意打分，使得整个绩效管理过程匆匆结束。长此以往，员工就会轻视绩效管理与绩效考核，认为绩效考核只是形式，只要业绩好，其他都不重要。

虽然记录员工绩效需要花费一定的时间，但只有如此才能发现员工的优缺点，提升员工的个人能力以及整个团队的业务水平。另外，记录员工绩效可以保证考核结果的公平性、客观性，消除潜在争议，保证绩效考核顺利进行。

3.3 绩效考核与评价

3.3.1 企业绩效考核的主要作用

在企业发展过程中，绩效考核与管理占据着重要的地位，体现了企业对人本管理理念的实践。完善的绩效考核管理既能够改善企业的组织结构，推动企业发展，还能发挥精神层面的激励作用，在企业内部营造健康、稳定的氛围，使员工保持良好的心理状态。绩效考核可以让员工了解自身的长处与不足，在发现问题之后快速调整，从而在工作中取得更好的成绩，推动企业发展。

绩效考核的作用更多地体现在企业后续发展的过程中，也就是说，实施绩效考核不是为了对员工以往的表现进行总结与评判，而是为了利用考核结果对员工的工作能力及未来发展情况进行分析，为企业的工作规划提供有效的参考，充分发挥员工的优势推动企业不断进步。具体来看，企业开展绩效考核的作用主要表现在五个方面，如图3–3所示。

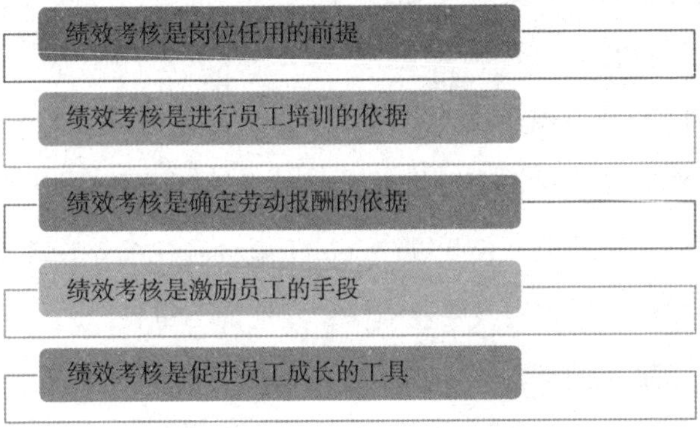

图 3–3　企业绩效考核的五大作用

◆绩效考核是岗位任用的前提

企业应该根据岗位需求进行人员安排，充分发挥人才的优势，包容其不足之处；要对人才的工作能力、经验、综合素质、优势及不足进行分析，据此判断与其相匹配的工作岗位；通过实施考核来了解人才的知识能力、业务能力及心理素质，进而掌握其优势，据此进行职位安排，使人才优势及能力得到充分发挥。

◆绩效考核是进行员工培训的依据

企业可以通过培训进行人力资源再开发，进一步提高人力资源的价值，从战略层面促进企业持续发展。企业的培训计划要有针对性，帮助员工弥补自身的不足。在制订培训计划时，企业应该对不同员工的能力情况进行分析，用绩效考核的方式明确员工的长处与不足，明确培训需求，确定培训对象以及具体的培训内容，提高培训的针对性，从而取得更加理想的培训效果。培训结束后，企业要通过考核对培训效果进行评估。

◆绩效考核是确定劳动报酬的依据

企业在为员工分配劳动报酬时，应该参考绩效考核结果，按照员工的工作表现为其提供相应的薪资，将考核结果与薪酬奖励联系起来，发挥绩效考核的作用。通过为员工提供薪酬，能够体现企业对员工工作的肯定，并形成一定的激励作用，进一步提高员工工作的积极性，在企业内部形成良好的工作氛围。为此，企业应该为员工提供与其付出相匹配的薪酬，而要做到这一点，就要对员工的付出进行科学有效的评估，将企业的奖酬分配与工作绩效结合起来，获得员工的一致认可，促使他们更加努力地工作。

◆绩效考核是激励员工的手段

企业要按照绩效考核结果对员工进行奖惩，激励员工，促使他们在工作中不断进步。根据绩效考核结果为员工分配劳动报酬，并以此为依据安排员工的职位、安排内部升迁等。企业要建立公平、公正的内部竞争机制，让员工与其他人进行横向比较，将自己以往的工作表现与当前的成绩进行纵向比较。企业的绩效考核应确定考核目标，同时推出详细的考核标准与内容，科学的目标设定能够让员工获得成就感，通过完成考核目标来推动企业发展。

◆绩效考核是促进员工成长的工具

完善的绩效考核体系能够促进员工成长，将考核结果提供给员工后，可以帮助员工了解自身存在的问题，激发员工的上进心，促使他们在以后的工作中弥补自身的不足。

3.3.2 绩效考核体系要素与原则

绩效考核体系建设不能盲目，必须涵盖所规定的各个要素，而且必须遵循一定的原则，具体分析如下：

◆绩效考核体系的六大要素

企业要根据自己的实际情况设计绩效考核体系。企业情况不同，绩效考核体系所涵盖的内容与要素也不同，但从总体来看，企业的绩效考核体系要包含六大要素，如表3–10所示。

表3–10 绩效考核体系的六大要素

要素	具体内容
评价目标	企业通过实施绩效考核来衡量员工的价值，其目的是根据绩效考核结果来了解内部的人力资源情况，并据此优化人力资源配置，实现企业的战略目标。为了达到这一目的，企业要开展员工绩效评价与组织绩效评价
评价对象	员工是企业实施绩效评价的对象之一。员工绩效会对企业的整体发展产生影响
评价主体	评价主体通常是指承担绩效评价工作的人员。企业开展员工评价时，会在分析评价目的、评价对象、策略方式的基础上，将评价工作交给合适的人员承担
评价指标	企业要根据实施评价的目的来设置绩效考核的评价指标。在实施评价的过程中，对评价对象的“关键成功要素”，即评价对象为公司发展付出的努力进行重点考察，并通过评价指标来体现
评价标准	企业利用评价标准计算绩效评价结果，根据评价目的选择相应的评价标准
评价方法	企业根据评价指标、评价标准选择评价方法，并在实施期间对整个评价过程进行调整与把控。评价过程中使用的评价表格、评价日程表能够体现出企业采用的评价方法，如排序法、量表法等

无定额员工承担的工作以例行事务为主，针对这类员工实施的绩效考核，难以对考核指标进行量化。在这种情况下，企业不必强求指标的量化，在设计考核指标时，可以用具体的方式描述定性指标，将考核指标进行层级划分，再对各级指标进行更加具体的划分，根据实际情况确定不同考核要素所占比例。在制定考核指标时，要对考核指标进行量化

与细化处理，通过这种方式提高无定额考核的公平性，让员工认可最终的绩效考核结果。

◆绩效考核应当秉持的原则

企业的绩效考核不能盲目进行，要遵循四大原则，如图3-4所示。

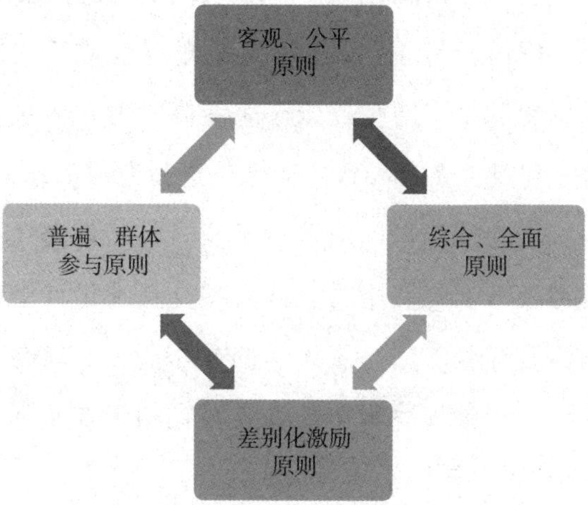

图 3-4 企业绩效考核的四大原则

（1）客观、公平原则。无论是什么类型的绩效考核，都要按照清晰的考核标准来实施，依据真实的考核资料进行判断，消除对评价人员个人经验的依赖。企业的绩效考核要建立在公平、客观的基础上，如果做不到这一点，就无法体现绩效考核的价值。

（2）综合、全面原则。企业实施绩效考核的过程中，要从各个方面对员工的工作进行评估，明确考核的侧重点。在对无定额人员进行绩效考核时，可以根据员工参与的工作的价值，以及工作完成情况实施评价。例如员工在整理文件、传达信息、递送与管理证件、准备公司会议、承担后勤工作等过程中的任务完成情况，据此实施绩效考核，提高考核结果的准确度。

（3）差别化激励原则。企业一定要明确的一点是，实施绩效考核是为了对员工进行激励，为了依据绩效考核结果进行人才选拔。因此，在绩效考核制度设计环节要划分不同的评定等级，确定好各个级别的界限标准，做出明显区分，将绩效考核结果应用到员工薪酬分配、内部升迁等方面，切实发挥绩效考评的激励作用，提高员工的积极性。

（4）普遍、群体参与原则。有些企业的基层缺乏对绩效管理的认知，绩效管理思想的推广对象仅限于企业高层管理人员，他们和企业之间存在紧密的利益关系，导致企业无法进行有序的绩效考核。例如，有些企业以为，人力资源部门应该承担所有的绩效考核工作，其他部门无须在绩效考核方面耗费精力。还有些企业在设计绩效考核体系及相关制度时，没有综合考虑基层人员的操作能力，忽略了对企业基层具体情况的分析，导致最终得出的绩效考核结果在实际应用中发挥的作用有限。

3.3.3 企业绩效考核存在的问题

企业开展绩效考核是为了对员工的工作成绩进行统计，通过优化员工的工作方式来提高其工作效率，进而推动企业发展。绩效考核在企业的人力资源开发与管理中占据着十分重要的地位，在企业管理中应用较为普遍，是企业人力资源管理的主要构成部分。

在实施绩效考核的基础上，企业能够有效提高各个运营环节的效率，将绩效考核结果应用到企业生产、供应、市场运作等部门的工作中，提高决策的科学性与准确性，优化企业整体的人力资源管理。

那么，企业在实施绩效考核的过程中存在哪些问题呢？如图3-5所示。

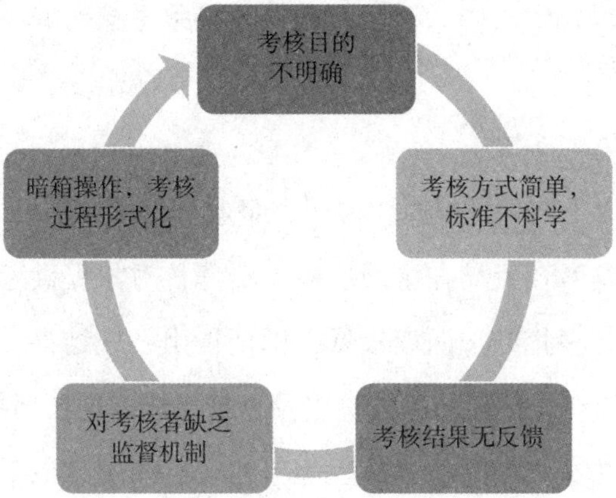

图 3-5 企业绩效考核存在的五大问题

◆考核目的不明确

绩效考核人员与考核对象对绩效考核的认识不充分，仅将绩效考核视为企业的管理方法；考核目的不明确，将考核本身作为目的，未制定明确的考核原则，各项原则之间存在冲突；在设计考核内容时没有注意到不同项目之间的联系，考核完全掌握在管理者手中，导致绩效考核体系过于随意，无法在企业内部持续推行。

◆考核方式简单，标准不科学

很多企业在实施人力资源考核的过程中都采用最简单的方式，即由上级管理者对下属的表现进行评估，导致员工与考核人员之间的私人情感、考核者的个人习惯等会明显地作用于最终的绩效考核结果。

这种绩效考核的主体比较单一，考核者与考核对象之间的沟通互动比较少，无法全面了解员工的工作表现，考核者本身也不愿意花费太多精力来分析员工的相关信息，导致最终获取的考核信息比较片面，考核结果缺乏客观性，严重者还会给上下级之间的关系带来不利影响。现阶段，很多企业缺乏明确的考核标准，未列出具体的指标及量化级别，使最终的考核结果比较片面、缺乏合理性，导致考核对象不认可企业考核结果的情况发生。

◆考核结果无反馈

企业出现以下两种情况时，说明该企业存在考核结果无反馈的问题：

一种情况是考核人员在主观层面不给考核对象提供考核结果的反馈信息，企业绩效考核的透明度较低，即便得出考核结果，考核对象也无法从中得知自己在工作中的不足，以及自身优势体现在哪些方面。

之所以存在这样的问题，是因为考核人员在潜意识里认为考核结果的反馈会招致考核对象的不满，并表现在今后的工作当中，降低工作效率，或者是考核结果缺乏真实有效的依据，只是上司根据自己的主观经验进行的判断，相关反馈信息无法得到员工的认可。

另一种情况是考核主体缺乏反馈意识，或者受到自身能力的限制，对绩效考核的目的与价值缺乏足够的认识，沟通能力有限，因而企业内部未形成良好的反馈氛围，导致考核人员无法将考核结果反馈给考核对象。

◆对考核者缺乏监督机制

如果权力运用缺乏监督，就容易出现滥用的情况。很多企业的绩效考核不允许员工参与，企业在实施绩效考核之后也没有对考核结果进行审核，所有权力都掌握在上级领导手中，考核人员仅根据自身偏好进行评估。另外，企业内部缺乏考核投诉渠道，员工在发现问题之后也无法向企业反馈，导致企业在绩效考核方面存在严重的权力滥用问题。

◆暗箱操作，考核过程形式化

有些企业虽然建立了完善的绩效考核机制，但很难在实际操作过程中加以实践。举例来说，有的企业在日常经营管理过程中不会进行绩效考核，即便进行绩效考核，考核标准也很宽松。企业绩效考核集中于年终，且仅由领导部门对其管辖范围内的成员实施考核，考核过程透明度比较低。

在这种情况下，员工对企业绩效考核的重视程度很低，多数员工认识不到绩效考核的重要性，也不会专门分析自己的绩效考核结果；企业也无法将考核结果运用到其他环节，不能利用绩效考核激励员工，绩效考核的价值无从体现。

3.3.4 绩效考核量化的主要方法

几乎每个企业都会制定一套绩效考核方案，而所设置的绩效考核方式如果不能量化，就无法有效地激励员工，甚至会在一定程度上阻碍企业发展。

绩效量化就是用可以量化的数据、指标等衡量员工的工作业绩，进而对其实施相应的奖惩，以提升员工工作的积极性。绩效量化可以根据企业业务特点以及员工工作内容的不同采用不同的方法。

◆目标管理法

目标管理法指的是由管理者和员工共同设立绩效目标，并定期查看目标完成度的管理方法。为了尽快完成目标，可以设置阶段性的奖惩方案，根据目标完成情况进行奖励或惩罚。

目标管理法在具体的应用过程中应该遵循三大原则，如表3-11所示。

表3-11 目标管理法需遵循的三大原则

原则	具体内容
原则一	企业的整体目标和任务必须转化为可量化的目标，在具体的考核过程中，应该通过不同的目标综合进行考核
原则二	对企业运营中涉及的所有工作都需要设立相应的可量化的绩效目标，以避免相关人员互相推诿责任
原则三	企业目标管理对象应该是企业内所有管理者和员工，其工作都需要通过可量化的目标进行衡量

◆比较法

比较法指的是通过员工之间绩效的比较进行考核的方法。在具体应用过程中，比较法可以分为三种类型，如表3-12所示。

表3-12　比较法的三大类型

类型	操作方法
序列比较法	即按员工的绩效进行排序考核的一种方法。序列比较法在应用时应该先确定需要考核的模块，不指定必须达到的目标；然后将所有职务处于同一等级的员工按工作绩效好坏进行排序；最后将不同模块的考核排序数目相加，所获序列总数越低的员工绩效排名越好
相对比较法	即按员工的绩效进行两两对比后进行排序考核的一种方法。具体的做法为将同一等级的员工随机两两进行绩效对比，成绩较好的员工记1分，成绩较差的员工记0分，所有员工比较完之后，将每个员工的成绩相加，得分越高的员工绩效考核等级越高
强制比例法	即将员工的绩效进行比例划分的一种考核方法。具体操作办法为将同一等级的员工按照比例划分为几个不同的等级（如优秀、良好、一般、较差等）进行绩效考核的方法

◆描述法

描述法是一种特殊形式的绩效量化方法，主要包括两种类型，如表3-13所示。

表3-13　描述法的两种类型

类型	具体操作
全视角考核法	即通过多个视角（比如上级、同事、用户、自己）对员工进行绩效考核。通过综合不同的维度，可以对员工做出相对全面、公正的评价
重要事件法	与全视角考核法追求全面、综合不同，重要事件法着重于通过某一个或多个重要事件对员工进行考核。重要事件指的是被考核人所参与的能够对部门或者公司产生比较大的积极或消极影响的事件，所选取的重要事件应该采用文字形式进行详细记录，最后经过整理和分析得出个体考核结果

3.3.5　实施绩效考核的实战技巧

为了保证绩效考核达到预期效果，企业在实施绩效考核时可以采取的技巧如图3-6所示。

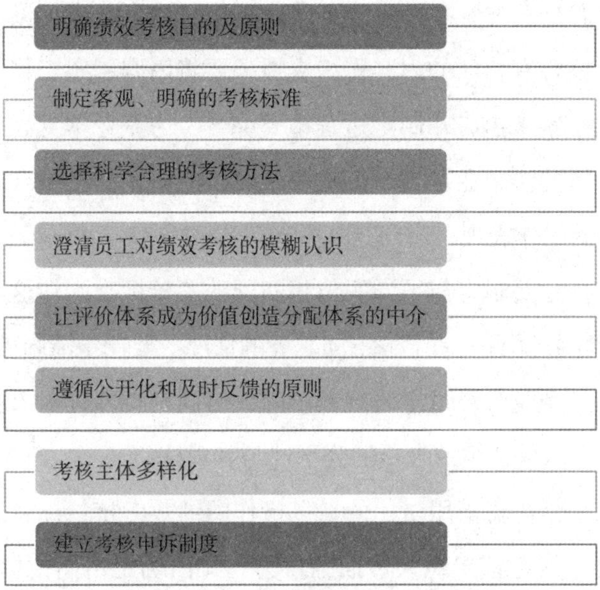

图 3-6　实施绩效考核的八大技巧

◆明确绩效考核目的及原则

企业实施绩效考核，通常是为了掌握总体、各个部门及员工个人的绩效情况，根据考核结果引进人才、选用人才，评估员工的工作表现，对其进行深度培养，提高员工的留存率，调动员工的积极性等；进一步改善企业的组织体系，据此进行内部的职位调动；优化企业的薪资分配；进行企业的人力资源管理，做好财务预算工作；推动企业的组织变革，并在这个过程中对企业的改革节奏进行合理控制，提高改革成效。

在实施绩效考核的过程中，企业应该遵循以下原则：科学、公平、公正；真实有效；实施民主化的考核；将权利与义务结合起来；既要进行定量考核，又要进行定性考核；采用科学、有效的考核方法；确定合理的考核周期；根据自身情况划分考核等级；为考核对象提供考核结果；注重考核主体的选择；保证绩效考核的规范性。

◆制定客观、明确的考核标准

绩效考核要有相应的内容作为支撑，要将内容制定工作交给专业人员与业务工作者承担，在制定过程中要综合考虑企业本身、各个部门及职位的具体情况。企业在进行绩效考核时，应该依据科学合理的考核标准评估员工的工作表现。

为此，企业要制定与不同职位相匹配的考核标准。在这个环节，企业可以参考职务说明书来了解不同职务的情况。要制定清晰的考核标准，明确其内容，避免解释过于笼统或狭隘，对同一类考核对象要采用统一的考核方法，以保证绩效考核的公平性与客观性。

一方面，企业要采用量化的、可操作的绩效考核指标，避免考核指标过于繁杂，使考核组织人员面临压力，无法确定不同指标所占权重；另一方面，企业应该根据自身的特点及具体情况选择绩效考核指标，建立针对性较强、能够满足企业管理要求的指标体系。此外，在实施绩效考核时，企业要根据客观事实进行结果判定，避免考核人员以偏概全或者掺杂个人成见，影响考核结果的准确性。

◆选择科学合理的考核方法

企业选择的绩效考核方法关乎考核结果的准确度。从这个角度来说，企业应该以考核对象及考核内容为参照选择合适的考核方法，保证最终的考核结果在信度与效度方面都达标。信度指的是考核结果真实有效，即面向同一个考核对象进行多次评估，最终的考核结果能够保持一致；效度指的是企业通过实施绩效考核，能够达到预定的考核目标。

此外，绩效考核方法的适用范围要足够广，能够对不同员工的表现进行科学有效的评估。目前，企业采用的考核方法都存在优势与不足，企业应该根据自身的实际情况进行合理选择，在选择过程中需要重点考虑以下几个方面：

（1）企业的发展目标与考核目的相符。

（2）能够发挥激励作用，提高员工工作的积极性。

（3）能够对员工的工作表现进行科学有效的评估。

（4）考核方法能够实现成本节约。

（5）考核方法的可操作性较强，能够发挥实际作用。

◆澄清员工对绩效考核的模糊认识

企业实施绩效考核并非为了对员工进行区分，而是为了客观反映员工的优势与不足，督促员工进一步完善自己的工作。绩效考核要体现对员工付出的肯定，尽管这种考核体系在结构层面表现出纵向化特征，以上级对下属的评估为主，但在实施过程中，也存在横向的交互行为，考核人员应该向考核对象传达考核项目、价值观及考核目标等信息，以期获得考核对象的认可，为企业的绩效考核提供支持。此外，企业也可以利用考核体系，鼓励各个层级的员工为企业发展做出更多贡献。

◆让评价体系成为价值创造分配体系的中介

企业在实施管理的过程中，最重要的是建立完善的管理体系，从机制层面促进企业发展。价值评价的意义主要体现在，能够对企业的价值创造起到积极的推动作用。为此，要做好价值分配工作，真正发挥其激励作用。价值分配的范围较广，除了物质分配之外，还有企业内部的职位升迁、挑战性工作岗位的安排等。

其中，物质分配包括工资、津贴、福利、远期收入等的分配。工资分配要与员工的工作能力相匹配，要制定合理的绩效分配制度，鼓励员工通过提高绩效水平来增加自身收入。挑战性岗位的分配能够发挥工作本身的激励作用，要让那些具备足够工作能力、富有潜力及工作动力的员工来承担这类职位，以获得更好的职业发展机会。在进行价值分配的过程中，企业要依据绩效考核结果进行合理安排。

◆遵循公开化和及时反馈的原则

企业应该根据确切的规定选择绩效评估标准，制定相关程序，明确绩效评估责任，并将这些信息提供给每个员工，遵循客观、公正的原则，根据既有规定实施绩效评估。只有这样，企业的绩效评估才能得到员工的一致认可，避免员工质疑绩效评估结果。

另外，企业要将绩效评估结果反馈给考核对象，发挥绩效评估的激励作用，依据评估结果组织员工接受培训，实施奖惩，确保企业后续的工作开展能够继续得到员工的支持。

多数企业采用面谈方式进行绩效反馈，在面谈过程中将绩效考评结果反馈给考核对象，让他们了解自己的长处与短板，为今后工作提供有效的参考。面谈时，反馈者要与考核对象进行良好互动，注意倾听对方的意见，从中判断考核对象在工作中存在哪些问题。面谈内容不仅要涉及过去，还要对未来进行探讨。另外，反馈者要通过绩效面谈让员工深入理解企业的目标与价值观，增强员工的团队意识，发掘员工的潜能。

◆考核主体多样化

除了被考核者的直属领导外，还要进一步扩大考核者的范围，如被考核对象自身、下属员工、同级同事、客户等，从多个角度开展绩效考核。但在具体操作过程中，往往由于被考核者对自己的表现比较乐观、同级同事之间存在竞争关系、下属对被考核对象的了解有限、客户与被考核对象之间存在利益关系等，难以给出客观的评价，对最终的考核结果造成不良影响。所以，在绩效考核过程中，应该提高上级对下级评估的权重，以增强最终考核结果的客观性。

◆建立考核申诉制度

在出现下列情况时，员工会提出考核申诉：考核结果得不到员工的认可，或员工对考核者的标准实施情况提出质疑；员工认为考核过程未遵循公平性原则。针对这些情况，企业应该建立相关的程序，提高绩效考核工作的规范化程度，进一步体现绩效考核工作的价值。一般情况下，企业的人力资源部门负责处理绩效考核申诉事宜。在具体执行过程中，要体现对员工的尊重，对员工反映的情况进行核实，探究问题产生的根源。如果问题出现在员工身上，要根据客观考核标准，说服员工接受考核结果；如果问题出现在企业方面，应该及时给出解决方案。

在处理考核申诉时，企业应该与员工展开双向互动，根据员工提供的情况，在现有基础上进一步优化企业的绩效管理，激励员工达到更高的绩效目标。

完成考核申诉处理之后，企业要向员工反馈申诉处理结果。如果是考核体系本身存在不足，要进行体系调整与改革；如果是考核人员存在问题，要让考核人员加以改善；如果是员工本身存在问题，要以客观事实和可靠证据来说服员工接受考核结果。

3.4 绩效反馈与面谈

3.4.1 绩效反馈主要原则与方式

绩效反馈指的是管理者向下级反馈绩效评价结果，并对下级的行为产生影响。在绩效评估的全过程中，绩效反馈是最后一环，也是关键一环。绩效评估能否达到预期目的，在很大程度上取决于绩效反馈的实施效果。

◆绩效反馈的原则

绩效反馈要遵循三大原则，如表3-14所示。

表3–14 绩效反馈的原则

原则	具体内容
具体原则	绩效反馈要遵循具体原则，管理者要向下级直接说明问题，给出具体评价，切忌泛泛而谈。无论赞扬还是批评都要以客观事实为依据，让员工明确哪些地方做得好需要坚持，哪些地方做得不好需要改进。这样的绩效反馈不仅更有说服力，而且可以让员工明白公司绩效考核的真正用意。如果员工对绩效考核结果有不同意见，可以以事实或数据为依据向上级管理者提出申诉。只有以具体的事实为依据，上下级才能开展具体、准确的交流，保证绩效反馈有序进行
针对原则	绩效反馈要遵循“对事不对人”的原则，针对员工在工作中的行为以及工作结果进行讨论，不要聚焦员工个人，讨论员工个性上的优缺点。当然，如果员工的工作绩效是其自身的某种个性导致的，例如员工比较内向，不擅长与人沟通交流，导致工作绩效受到影响，对于这种个性特征，管理者可以与员工交流讨论
双向原则	绩效反馈要遵循双向原则，即管理者与员工之间要进行双向沟通，管理者要向员工反馈绩效考核结果，同时要听取员工的想法。为了做到这一点，管理者要鼓励员工表达，诉说自己在工作中遇到的问题，提出自己的诉求等。因为上下级岗位的设置，很多管理者习惯了下达指令，绩效反馈也是单纯地向员工发布考核结果，不给员工表达的机会。这样一来，即便员工对绩效考核结果不满也无处申诉，只能被动接受，久而久之就会心生不满

◆绩效反馈的方式

要想让绩效反馈发挥出应有的作用，必须选择正确的反馈方式。一般来说，绩效反馈的方式主要包括个人绩效面谈、部门绩效面谈、电话反馈、邮件反馈、部门公示等。每种绩效反馈方式都有适用的场景，如表3–15所示。

表3–15 五种绩效反馈方式的适用场景

绩效反馈方式	适用场景
个人绩效面谈	个人绩效面谈指的是管理者以一对一的方式与被考核员工进行面对面交谈。个人绩效面谈是一种比较正式的绩效反馈方式，需要提前约定时间，选择一个安静的环境，反馈双方要做好充分准备，以保证沟通效率与效果

续表

绩效反馈方式	适用场景
部门绩效面谈	部门绩效面谈指的是管理者与多名被考核员工进行面对面交谈，或者由管理者邀请考核责任人与多名被考核员工进行面对面交谈。总之，部门绩效面谈是一种一对多的面谈方式，可以作为个人绩效面谈的补充，面谈内容主要是该部门在上个绩效考核周期取得的成绩，可以让部门员工对自身工作产生清晰认知。同时，部门绩效面谈可以让部门员工充分交流，提高沟通效率，扩大交流范围，形成正式的绩效反馈纪要，为部门制定新的绩效目标以及工作计划提供有效依据
电话反馈	电话反馈指的是管理者与被考核者围绕绩效考核结果进行电话沟通。一般来说，只有在绩效反馈双方都认同绩效考核结果，沟通无障碍，而且双方身处异地，暂时无法面对面沟通的情况下，才能使用电话反馈
邮件反馈	邮件反馈指的是管理者向被考核者发送电子邮件，告知绩效考核结果，并征求对方的意见。一般来说，邮件反馈往往用在正式的绩效面谈之前，绩效反馈双方可以通过电子邮件沟通一些不方便面对面交谈的话题，为绩效反馈的顺利开展奠定良好的基础。另外，如果绩效反馈双方身处异地，无法面对面沟通，也可以使用邮件反馈
部门公示	部门公示指的是管理者将绩效考核结果在部门内部公示出来，并征求员工意见。这种方式可能对员工产生较强的刺激，对绩效成绩好的员工可以产生有效的激励作用，对绩效成绩不好的员工可能产生反作用。因此，对于这种绩效反馈方式，管理者要慎用

总而言之，绩效反馈的方式有很多，在上述几种绩效反馈方式中，个人绩效面谈是主要方式，部门绩效面谈、电话反馈、邮件反馈可以作为补充，多种方式搭配使用，以保证绩效反馈效果。

3.4.2 绩效面谈工作内容与流程

绩效面谈会对绩效考核结果产生直接影响，因此，在绩效管理过程中，绩效面谈是非常重要的一个环节。在现实生活中，虽然一些企业建立了绩效考核体系，但真正重视绩效考核、将绩效考核放在重要位置的企业并不多。很多企业的绩效考核流于形式，绩效面谈变成了随意聊天，无法达到应有的效果。

◆绩效面谈的主要内容

一般来说，绩效面谈主要包含四项内容，具体如下：

第一，告知员工绩效考核结果。

第二，倾听员工的真实想法。

第三，根据绩效考核结果对员工进行鼓励。

第四，纠正员工的错误行为，寻找导致绩效不佳的原因，提出改进方法，制订改进计划。

◆绩效面谈的实战流程

绩效面谈不是简单的谈心聊天，签字确认。在组织绩效面谈之前，管理者要做好准备，在与员工交谈的过程中要使用一些沟通技巧，让绩效面谈的效果达到最佳。一般来说，绩效面谈要遵循的流程如表3–16所示。

表3–16 绩效面谈的流程

步骤	措施	具体内容
1	足够重视，做好准备	在与下属进行绩效面谈之前，管理者必须先了解下属的绩效考核结果、在日常工作中的表现、绩效完成情况等，做到有的放矢。同时，管理者要提前告知下属面谈时间、面谈地点和沟通内容，让下属提前做好准备
2	营造良好的氛围	虽然绩效面谈是严肃、正式的沟通与谈话，但可以营造一种轻松的谈话氛围。在谈话过程中，管理者要保持坦诚、开放、友好的态度，拉近与下属的距离，让下属在轻松的氛围中吐露自己真实的想法，实现有效沟通
3	引入主题	绩效面谈可以从表扬员工开始，先抓住员工的优秀行为与突出表现予以肯定，然后针对工作中出现的问题提出建议，最后提出期望，通过这种方式让绩效面谈层层深入，达到预期效果
4	展开主题	切入主题之后，管理者要通过与员工沟通分析其在工作中的问题，探讨改进方法，对员工产生一定的激励作用。为了保证绩效面谈的效果，管理者要掌握员工的实际情况，对员工的工作行为、绩效考核结果做出客观真实的评价，就事论事，提高员工的接受度 确认绩效考核结果之后，管理者要与下属沟通未来的工作目标。为了让员工感受到目标的可行性，管理者要做好准备，提供事实依据，证明这个目标是深思熟虑的结果，同时要留给员工一定的思考时间，认真听取员工的意见，包括实现这个目标的难点、希望获得的支持等，从而达成一致意见

续表

步骤	措施	具体内容
5	结果确认	管理者要以书面的形式将绩效面谈过程与结果记录下来，与员工共同确认绩效考核结果以及下一阶段的工作目标

总而言之，为了让绩效面谈达到更好的效果，管理者要掌握合适的方法，提高员工的满意度与接受度，对员工进行有效激励，增强团队的凝聚力，让员工在下一个阶段实现更高水平的绩效目标。

◆绩效面谈容易出现的误区

绩效面谈就是绩效反馈，指的是绩效考核结果出来之后，上级领导在与下级员工签字确认考核结果时进行的谈话。绩效面谈与绩效沟通不同，其目的是指导被考核者在下一个考核周期改进工作，提升绩效。但在实际操作过程中，绩效面谈存在很多误区，如图3–7所示。

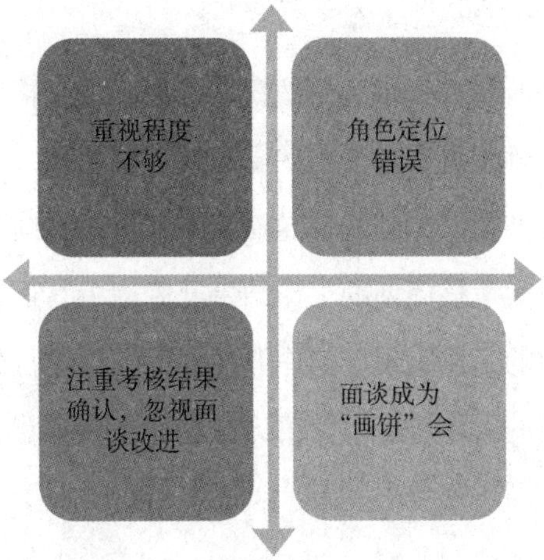

图 3–7 绩效面谈的四大误区

（1）重视程度不够。很多管理者在与员工进行绩效面谈之前没有做好准备，面谈时没有考虑员工工作时间安排，导致整个面谈过程漫无目的，谈话内容与谈话方式存在诸多问题，无法达到预期效果。

（2）角色定位错误。在绩效面谈的过程中，一些管理者将自己错误地定位为“批评者”，一味地对员工进行批评；或者将自己定位为“表扬者”，一味地对员工进行表扬，希望通过表扬拉近与员工的距离。这两种方式都比较极端，前者可能会激化矛盾，后者让员工无法清晰地认识自己，达不到改进绩效的目的。

（3）注重考核结果确认，忽视面谈改进。很多企业的绩效考核一味地追求结果，推崇以结果为导向，绩效面谈的目的也只是让下属接受考核结果，忽略了员工在实际工作中的表现，结果适得其反。

（4）面谈成为“画饼”会。在绩效面谈的过程中，管理者为了让下属接受绩效考核结果，或者对下属进行有效激励，会向其描绘一些不切实际的愿景，反而忽略了倾听下属真实的想法。

3.4.3 绩效反馈面谈的六大技巧

在绩效反馈的所有方式中，绩效反馈面谈是最直接、应用效果最好的一种方式。因此，管理者要想带出一支高绩效的团队，必须善于开展绩效反馈面谈。绩效反馈面谈与绩效辅导面谈不同，是在绩效考核结果出来之后，围绕上一个绩效考核周期的工作结果开展的，其目的主要包括对下属在绩效考核周期内的工作表现、工作业绩、优缺点进行分析，提出改进措施，帮下属制定新的发展目标。为了保证这些目标都能实现，管理者在开展绩效反馈面谈时要注意六个方面，如图3–8所示。

◆不断强化彼此的信任感

管理者要想与下属开展良好的绩效沟通，必须增进彼此间的信任，让下属感受到自己的善意与诚意，让下属将自己的真实想法大胆地表达出来。信任源自平等，因此，管理者在与下属进行绩效面谈时，要注意双方座位之间的距离不能太远，语气不能太强硬。同时，在下属发表意见时，管理者要耐心倾听，不要随意打断，更不要轻易地批评指责，让下属感到被尊重，从而增强对管理者的信任。

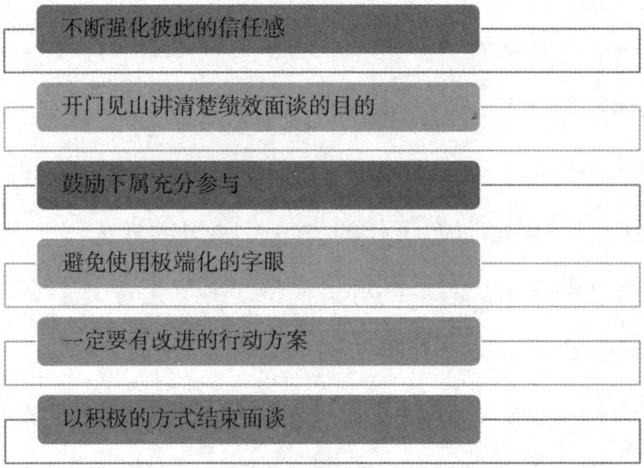

图 3–8 绩效反馈面谈的六大技巧

◆开门见山讲清楚绩效面谈的目的

在开展绩效面谈之前，管理者要明确告知下属绩效面谈的目的，例如总结上一个绩效考核周期的工作成果、制定下一个阶段的绩效目标等，让下属明确绩效面谈的重要性以及谈话内容，防止绩效面谈偏离正确方向，切实保证沟通效果。

◆鼓励下属充分参与

绩效面谈是双向沟通，管理者要鼓励下属积极参与，即便对下属在上一个绩效考核周期的工作表现不满意，也要耐心倾听下属的想法，避免单向的批评与说教。如果下属善于表达，管理者要鼓励下属将问题说出来；如果下属不善于表达，管理者要利用一些具体的问题引导下属表达，通过这种方式保证沟通效果。

◆避免使用极端化的字眼

即便下属在日常工作中的表现不佳，管理者在与其进行绩效面谈时也要尽量控制自己的情绪，避免使用比较极端的字眼，例如总是、从来、从不、完全、极差、太差、决不、从未、绝对等语气非常强烈的词语，以免激化矛盾，引发冲突。

◆一定要有改进的行动方案

绩效面谈的主要目的就是形成改进方案，改善下属在下一个绩效考核周期的绩效。因此，在绩效面谈的过程中，管理者必须与下属协商制定绩效改进目标，形成切实可行的方案。如果绩效面谈只是发现问题，没有就如何改变问题形成有效的方案，将变得毫无意义。

◆以积极的方式结束面谈

在绩效面谈的最后，管理者要以比较积极的方式结束面谈，要让下属树立信心，感觉通过这次面谈获得了很多实用性的建议，可以在下一个阶段完成绩效目标，而不是让下属变得更加消沉，对未来感到迷茫，找不到方向。

3.4.4 BEST法则与汉堡原理

作为管理者必须掌握的一项管理技能，绩效面谈有一些技巧可循，只要使用得当就能够帮助管理者掌控局面，推动绩效面谈顺利开展，达到预期的效果。下面介绍两种绩效面谈可以使用的技巧。

◆BEST法则

BEST法则指的是在绩效面谈的过程中，管理者要遵循以下流程：

第一步：Behavior description，即描述行为。

第二步：Express consequence，即表达后果。

第三步：Solicit input，即征求意见。

第四步：Talk about positive outcomes，即着眼未来。

例如，某员工的绩效考核结果不甚理想，原因在于他在制作某个项目的投标书时写错了报价，导致单价和总价无法对应。在与这名员工进行绩效面谈时，管理者就可以使用BEST法则，如表3-17所示。

表3-17　运用BEST法则进行绩效反馈面谈

步骤	措施	具体内容
第一步	描述行为	管理者直接向员工描述情况，例如“这次绩效考核结果不太好，主要是因为你上次制作标书时弄错了报价，导致单价与总价对不上”
第二步	表达后果	描述完情况之后，管理者可以继续说，“因为你的工作失误，销售部的工作非常被动，给客户留下了非常不好的印象，很有可能导致合作关系中断”
第三步	征求意见	在说明后果之后，管理者要向员工征求意见，例如“你怎么看待整个事件？准备采取什么措施应对”
第四步	着眼未来	在征求意见之后，管理者可以继续说，“很好，我同意你的改进意见，希望以后你能说到做到”

在员工说明自己的应对措施以及改进计划之后，管理者要总结补充，鼓励员工将这些计划落实到日常工作中，例如“我觉得你的这些计划都不错，希望在以后的工作中你能说到做到，认真负责，不要再犯这些本可以避免的错误”。

BEST法则又称为“刹车”法则，指的是在绩效面谈的过程中，管理者在指出问题，描述完问题引发的后果之后，在征求员工的想法时适时“刹车”，认真聆听员工的想法，不要随意打断员工的发言，鼓励员工表达自己的想法与意见，充分发挥员工的主观能动性，引导员工自主寻求解决方案。待员工发言结束后，管理者再进行总结。

◆汉堡原理

绩效面谈若遵循汉堡原理，整个面谈过程要按照以下步骤进行：

第一步：先表扬员工的成就，给予鼓励。

第二步：提出需要改进的行为。

第三步：以肯定或支持进行总结，结束整个面谈过程。

例如，小黎是培训部一名员工，在绩效考核中取得了不错的成绩。管理者可以遵循汉堡原理与小黎进行绩效面谈，如表3-18所示。

表3-18 使用汉堡原理进行绩效面谈反馈

步骤	措施	具体内容
第一步	表扬小黎在过去一个绩效考核周期取得的成绩	例如“小黎，在上个绩效考核周期你不仅按时完成了各项工作，还做了很多创新，例如在培训组织方面提出外聘讲师、调整培训时间与培训周期等意见，有效提高了培训效果，这些都非常值得表扬、鼓励”
第二步	提出需要改进的行为	在表扬完小黎的工作之后，管理者可以继续说，“但通过绩效考核我们发现你有一些工作仍有改进空间，例如培训效果评估，我知道公司的培训效果评估方案本身就存在一些问题，这说明这项工作对于公司来说是一个难点，对于你来说也是一样。如果只有培训没有评估，就会导致培训流于形式，起不到应有的效果。对于这一问题，我想听听你的看法”
第三步	总结、结束	在提出问题之后，管理者要认真聆听小黎对这个问题的看法，在小黎说完之后进行总结，例如“我同意你的这些观点，我们将这些列入你的改进计划，期待你在下一个绩效考核周期有更好的表现”

汉堡原理可以提醒管理者将绩效面谈的重点放在帮助员工改进绩效方面，而不是深挖员工在上一个绩效考核周期的问题。遵循汉堡原理，管理者在绩效面谈的过程中要表扬员工的优点，指出员工的不足，对员工提出的改进方案予以肯定。

总而言之，管理者需要明确一点，与员工进行绩效面谈，帮助员工改善绩效是一项重要的工作职责。

4 绩效考核指标设计

4.1 正确认识绩效考核

4.1.1 绩效管理与绩效考核的联系

绩效的含义非常广泛，在不同的境况下，绩效的含义也不同。从字面意思上理解，绩指的是业绩，也就是工作成果；效指的是效率，也就是工作过程。由此，我们可以认为绩效=结果+过程，或者绩效=实际结果+预期结果。

绩效考核指的是按照预先设定好的标准，采用合理的方法对员工的品德、能力、工作成绩、工作态度等内容进行综合评定，对其工作业绩与工作潜力做出科学判断的管理方法。对于人力资源管理来说，绩效管理是核心事项；对于绩效管理来说，绩效评价是关键环节，是通过对绩效指标进行考核体现出来的。

绩效考核效果在很大程度上取决于绩效考核指标的设定，而绩效考核指标是指“通过明确绩效考核目标的单位或者方法，对承担企业经营过程及结果的各级管理人员完成指定任务的工作业绩的价值创造进行判断的依据”。例如员工绩效考核指标就是用科学的方法，结合组织特性对员工的品德、工作绩效、能力和态度进行评定，从而确定其工作业绩与潜力。

绩效考核指标具有导向、凝聚、约束、竞争作用。先明确工作目标，然后对员工行为进行规范，通过对资源的整合利用聚焦工作重点，最后通过考核指标将员工的工作潜能激发出来。

国内企业很容易将绩效管理与绩效考核的概念混淆，然而二者并非同一种事物，虽然存在一定的联系，但差异也非常明显。绩效考核是绩效管理的重要环节，二者在管理目的、管理逻辑、关注时间节点、管理者扮演的角色等方面存在较大差异。为了更好地实施并推进绩效管理工作，明确绩效管理和绩效考核之间的联系与区别很有必要。

◆绩效管理始于绩效考核

早在三皇五帝时期，绩效考核就已经在我国得到了应用，中国人民大学付亚和教授在其出版的《绩效考核与绩效管理》一书中指出：“《尚书·尧典》里有‘纳于大麓，暴风骤雨弗迷’，就是指尧将帝位让给舜之前对其进行了绩效考核。”绩效考核在西方工业领域的应用则可以追溯到19世纪初期，由罗伯特·欧文斯引入苏格兰。

1813年，绩效考核被正式应用到美国军队管理之中，1842年，美国联邦政府将绩效考核纳入政府公务员管理体系。然而随着理论研究的持续深入，以及大量实践案例带来的经验，人们逐渐认识到绩效考核存在的缺陷，在这种背景下，更为完善的绩效管理模式逐渐兴起，最终在企业界得到广泛应用。

◆绩效考核是绩效管理的重要组成部分

绩效管理是一个综合系统，涵盖了绩效计划、绩效实施、绩效考核、绩效反馈、绩效成果应用等多个环节。绩效考核处于绩效实施和绩效反馈之间，是整个绩效管理系统持续稳定运行的重要保障，其结果体现了组织战略规划及实施方案所取得的成效，是一种行之有效的管理手段。

绩效考核明确了绩效评估的评估内容和评估对象，使绩效管理更具科学性，更容易得到组织成员的认可及配合。绩效考核能否取得预期效果，并非简单地由绩效考核这一个环节决定，而是和整个绩效管理过程存在关联。

4.1.2 绩效管理与绩效考核的区别

虽然从字面上看，绩效管理与绩效考核只有两字之差，但实际上它们是两个完全不同的概念，差别显著，主要表现在以下七个方面：

◆管理出发点和归宿不同

传统的绩效考核的出发点和目的主要是为核算工资和奖金、调整组织结构等寻找必要的数据，考核完成后，相关数据、文件等就失去了价值。而绩效管理的出发点和目的是促进组织战略目标实现。绩效管理是对员工的行为、技能、工作成果等进行管理，而员工的行为、技能、工作成果等会直接影响个人目标，个人目标是对部门及企业战略目标的分解，是企业战略目标的具体体现。成熟而完善的绩效管理系统，并非为了考核员工、为难员工，而是为了推动员工发展、提高员工绩效，进而推动部门及组织绩效增长。

◆时间维度不同

绩效考核涉及的考核内容，必然是考核对象过去的行为、工作成果等，但绩效管理强调基于考核结果促进考核对象的发展。

◆对人性的假设前提不同

毋庸置疑的是，管理者采用怎样的管理方式与工具，制定怎样的管理决策等，与其管理思想存在直接关联，而管理者对人性的假设会对其管理思想的形成产生重要影响。在对人性的假设方面，绩效考核将人视为经济人，行为与决策受经济目的驱动，强调更低的成本、更高的利益。按照这种观点，员工在缺乏有效监督与考核时，会为了追求更低的成本而偷懒，从而降低工作质量与效率。在这种情况下，通过绩效考核进行“鞭策”，提高员工工作的积极性很有必要。

绩效管理作为一种现代人力资源管理模式，强调以人为本，促进人的发展，而不是将其视为企业发展的工具，人的价值能够得到认可，并被充分发掘。与绩效考核的监督、约束相比，绩效管理更强调信任、授权与激励。

◆管理的宽度不同

这里的管理宽度特指涉及的管理环节多少，是衡量管理活动系统性、完整性的重要指标。绩效管理是一个完整的管理体系，涉及多个环节，同时，它又属于人力资源管理范畴，和人力资源管理的工作分析、人力资源规划、招聘与安置、薪资待遇、开发培训等环节相联系。绩效考核仅是绩效管理系统中的一个环节，虽然其作用非常关键，但管理宽度显著低于绩效考核。

◆管理的目的不同

在绩效管理链条中，绩效考核位于绩效实施和绩效反馈之间，需要利用绩效实施过程中的相关数据评估员工实际绩效，同时，也为绩效反馈提供依据。也就是说，绩效考核的管理目的是基于其作为绩效管理系统环节之一的角色定位确定的，结合绩效指标体系，应用考核工具与方法，对员工绩效进行考核。这个过程和其他环节协同联动，能够提高企业人力资源管理水平，具体表现在以下几个方面：

（1）为人员内部供给计划提供数据支持。

（2）为岗位分析提供科学指导。

（3）为薪酬调整提供客观依据。

（4）为员工培训与开发计划的制订提供指导，同时，指导员工制定更加契合自身特征的个人职业生涯发展规划。

◆管理者扮演的角色不同

绩效考核主要强调管理者的裁判员角色，由于该环节侧重对在员工一定时间内的绩效进行考核，管理者必须综合多种因素，公平、公正地对员工绩效进行评价。而绩效管理则需要管理者同时扮演多种角色，既要做裁判员，又要担任记录员和辅导员。员工明确自身的绩效目标后，管理者要多与员工沟通交流，帮助员工解决各种问题，使其更好地完成绩效目标。同时，管理者还要充分发挥记录员的功能，将员工实现绩效目标过程中的细节表现记录下来，建立绩效管理文档，为绩效考核提供参考，使考核结果更科学合理。

◆管理逻辑不同

从流程来看，绩效管理可以视为一种封闭的PDCA循环。前馈管理控制包括明确绩效评价目标、建立工作期望、设计绩效评价体系、制定绩效改进计划；过程控制包括绩效形成过程监督、绩效改进指导；反馈管理控制包括绩效评估、绩效反馈与制定绩效改进计划。其中，制定绩效改进计划是连接前馈管理和反馈管理的重要节点。

封闭的PDCA循环具有可靠性、可控性、连续性的特点，是一个不断提升与改善的过程，所以，绩效管理系统形成封闭的PDCA循环后，其价值将得到充分发挥。

传统绩效考核是一个开放的环，其管理逻辑和绩效管理存在本质差异，开放的环得不到组织与制度的保障，可靠性、可控性相对较低，短板非常明显。具体表现在以下几个方面：

（1）管理者对绩效目标实现过程控制力不足。

（2）奖惩虽然有一定的控制作用，但由于没有实现闭环，很难对考核对象未来的行为与决策产生激励作用。

（3）绩效考核的目的是决定分配，而不是促进人的发展，容易引发组织成员的抵触情绪。

4.1.3 部门与员工绩效考核的关系

亚当斯公平理论表明，员工在工作中付出了努力并取得报酬后，会采用多种比较方式来判断自己获得的报酬是否合理，最终的比较结果会对其今后的工作积极性产生重要影响。员工会根据比较结果来调整自己的投入或产出，其观念也会发生变化。

如果绩效考核机制的设置存在问题，就无法发挥激励作用，甚至会给部门发展乃至整个公司的发展造成阻力。企业要想取得进步，就要加强内部合作，发挥协同效应。在员工缺乏合作的情况下，企业的产品或服务质量得不到有效保证。从这个角度来说，企业的绩效考核对象不仅包括员工个人，还应该实施部门绩效考核，并对这两类绩效考核进行统筹应用。

企业只有确立公平公正、能够发挥激励作用的绩效评估机制，将员工的价值产出与所得报酬结合起来，才能切实提高企业绩效，调动员工工作的积极性。员工绩效能够对部门绩效、企业绩效的实现产生重要影响，员工绩效的提高能够对部门绩效目标的完成起到积极的推动作用，因此，企业不应割裂员工绩效考核与部门绩效考核之间的关系。

◆部门绩效考核与员工绩效考核的关系现状

部分企业只注重进行员工绩效考核，而忽略了部门绩效考核；也有些企业仅实施部门绩效考核，只关注团队的工作完成情况，没有认识到员工个人成长与发展的重要性。多数企业既实施员工绩效考核，又执行部门绩效考核，却没有将这两类考核结合到一起，彼此之间相互独立，且对不同部门采用的考核方式也不同，最终导致考核结果缺乏准确性，难以协调不同部门之间的关系。

◆部门绩效考核与员工绩效考核的关键点

（1）处理好部门绩效与员工绩效之间的关系。要想促使企业部门完成绩效目标，就要确保部门内的员工努力工作，完成个人绩效目标，并与其他员工通力合作，提高部门绩效水平。如果企业只关注员工个人绩效，容易影响部门内员工之间的合作，不利于部门整体绩效的提高；如果企业只注重部门绩效，则无法体现员工个人贡献的重要性。

所以，企业在实施绩效考核的过程中，要处理好部门绩效与员工绩效之间的关系，将部门绩效考核与员工绩效考核结合起来。只有部门绩效达成，企业得到发展，才能体现员工的个人价值。

（2）妥善处理部门绩效与员工绩效之间的关系。

在进行员工绩效考核的过程中，参考部门绩效考核结果。

从多个层面实施员工绩效考核，正确处理员工绩效与部门绩效之间的关系。从绩效层面、态度层面、能力层面对员工进行绩效考核。其中，绩效层面由任务绩效、管理者的管理绩效与周边绩效共同构成，周边绩效是指为相关部门发展做出的贡献，体现为服务质量、协作性等。

注重企业文化建设，形成协作氛围。企业要进行文化建设，注重从精神层面鼓励员工，让他们不仅完成个人绩效目标，同时也与其他员工合作，共同促进部门绩效目标的完成，积极参与企业内部的竞争。

4.1.4 绩效考核体系设计注意事项

现阶段，企业中广泛应用的绩效考评方法有两种：要素图示法与经验总结法。

选择要素图示法设计绩效考评体系的企业，需要对考评对象的职位情况进行全面分析，列出该职位涉及的相关指标，将筛选出来的指标通过要素分析图的横坐标呈现出来，由专业人士进行后续处理，以集体讨论方式确定绩效考核的各项指标，最终建立起完整的绩效考评指标体系。

选择经验总结法设计绩效考评体系的企业，在确定绩效考评指标时，要综合考虑企业的实际情况与人才战略，结合管理者的实践经验，或者对行业内权威的绩效考评指标体系进行借鉴等。在设计企业的绩效考评指标体系时，要体现企业自身的特点。另外，也有一些企业选择用个案研究法来设计自身的绩效考评指标体系。

综上所述，当现有绩效考评体系不适应企业的发展需要时，应该及时做出有效调整与改革，完善绩效考核中存在的不足，在原有基础上逐渐提高企业的绩效考核水平与整体的管理能力。在这个过程中，企业要清楚绩效考评工作涉及许多方面的因素，要在长期发展过程中逐步改进，优化绩效考核指标，选择适当的考核方法，充分运用考核结果，从各个方面提高企业的绩效考核能力，促进企业健康、稳定发展。那么，在绩效考评指标体系设计环节，应该注意哪几个方面的问题呢？

一方面，要根据实际情况改进企业的绩效考核指标。企业在设计绩效考核体系时，应该根据当前及未来的发展需求对考核指标进行完善，明确原有指标体系的不足，提高定量考核指标的比重，为企业实施绩效考核提供有效参考，从而提高绩效考核的科学性与客观性。另外，在确定绩效考核指标构成的过程中，要考虑企业的人才发展战略，发挥绩效考核的导向作用，注重对员工专业能力与创新思维的考察，推动员工发展，提高其工作的积极性。

另一方面，企业要逐步改进绩效考核目标，采用关键绩效指标、目标管理等方法，了解员工的绩效指标完成情况，发现员工在这方面存在的问题，帮助员工提高绩效能力。与此同时，企业要组织员工接受专业的培训，在实施绩效考核的过程中逐步优化企业的绩效考核体系，明确绩效考核方法在实施过程中存在的问题并采取针对性的解决方案，为企业后期的绩效考核打下坚实的基础。

4.2 绩效考核指标体系的建立

4.2.1 绩效指标体系的设计与构建思路

一般来说，绩效系统涵盖了制定系统、执行系统、员工培养系统、信息交流系统，前面两个系统称为“双闭环”，后面两个系统称为“软保障”。

“双闭环”指的是两个循环：从纵向上看，指标从上到下层层分解，同时，岗位指标对上级指标起到支持作用，上下指标相互作用形成因果关系，从而形成一个闭环；从横向上看，绩效指标从制定、执行到评价又形成一个闭环。这两个闭环既相互独立，又相互关联，实现了对绩效指标的动态管理，称为“双闭环”。

“软保障”指的是以科学的测量和指标分解为手段，通过营造良好的沟通氛围，提升员工素质，使其绩效得以有效提升。企业绩效管理“软保障”的构建需要着力打造两个系统，一是员工培养系统，二是信息交流系统。

绩效指标体系的构建必须先提取关键绩效指标，使员工的绩效指标与企业的战略目标保持一致。从纵向上讲，绩效指标的设定需要从上到下对绩效指标进行层层分解，保证绩效指标能够真正落地；从横向上讲，绩效指标的设定需要业务部门、业务单位、职能部门相互协调，共同商讨。具体来看，绩效指标体系的构建需要遵循的思路如表4–1所示。

表4–1　绩效指标体系构建的思路

步骤	具体方法
确认关键成功要素	明确部门或个人的重点业务，找出可能对公司产生影响的个体因素或组织因素。只有找到关键成功要素，对其进行定性描述，为关键绩效指标的制定提供依据，才能让关键绩效指标具体化，对关键绩效指标的测定产生积极影响
建立评价指标	在明确关键成功要素之后，要将各个职位的业务标准确定下来，对成功的关键因素进行定义。这是开展重点业务需要的策略手段，简单来说就是建立评价指标。对关键成功要素进行评价可以使用四大指标，分别是数量、质量、成本、时限。数量指标主要包括生产量、销售额、利润率、客户保持率、客户开发率等；质量指标主要包括准确性、创新性、耐用性等；成本指标主要包括成本节约率、投资回报率、折旧率；时限指标主要包括及时性、推出新产品周期、到货时间等。只有对关键成功要素进行科学考评，才能得出更有意义的结果
再次建立评价标准	在建立了评价指标后，要确定绩效衡量尺度，也就是绩效评价标准。一般来讲，绩效评价标准解决了从哪些角度着手对关键绩效指标进行评价，以及评价“什么”的问题。标准描述的是员工在每一个指标层面应该达到的水平。只有确定了评价标准，才能对员工的绩效完成情况进行量化评定，判断其是否达到了要求
确定数据来源	创建一个科学的信息来源系统，确定评价员工绩效的数据的来源。数据来源一般分为两种，一种是客观的数据记录，另一种是自己的主观评价。这两种数据来源各有优劣，关键在于面向需要考核的岗位，采用合适的方式方法采集信息

4.2.2　设计绩效考核指标的原则与依据

绩效考核指标林林总总、不一而足，导致一些企业在设计绩效考核指标时经常不知所措。为了避免这种情况发生，绩效考核指标设计必须有所依据，而且要遵循一定的原则，具体分析如下：

◆设计绩效考核指标的原则

绩效考核指标的设计需要遵循五大原则，如表4–2所示。

表4-2　设计绩效考核指标的五大原则

原则	具体内容
与组织目标一致	绩效考核指标必须与组织的战略目标保持一致，如果两者各自为政，就无法相互协调、相互支持，会使企业的整体绩效受到不良影响。所以，在设计绩效考核指标之前，相关人员必须明确企业总体战略目标
可量化	绩效考核指标要做到可量化，也就是数字化，不能出现“比较好”“还不错”等模棱两可的词汇，否则考核结果就失去了准确性、参考性
可实现	绩效考核指标不能设定得过高，必须是经过努力可以实现的。为此，绩效考核指标的目标值必须结合员工的个人情况、所在岗位情况、历史情况进行设定
突出重点	绩效指标的设定要有重点，不能过于宽泛，指标之间必须具有相关性，可以对员工行为起到有效的引导作用。绩效指标的数量最好在5个左右，不能太多，以免增加管理难度，引发员工不满，无法对员工行为起到引导作用；也不能太少，以免无法将职位的关键绩效水平反映出来
可控制	出于激励目的也好，出于学习目的也罢，绩效指标都必须做到可控。很多因素都会对工作绩效产生影响，不可控因素的影响越大，越容易导致绩效指标信息歪曲，员工自身的努力就越难体现出来，最终导致员工个人努力产生的作用和外在因素造成的影响难以区分。所以在制定绩效考核指标时，要尽量将那些不可控因素剔除出去，以便对员工贡献做出科学评价

◆设计绩效考核指标的依据

一般来说，设计绩效考核指标有三个依据，分别是公司目标、岗位/部门职责、上级/客户期望，具体分析如下：

（1）公司目标。公司目标是在企业发展战略和业务重点的基础上形成的，该目标确定后要向各业务部门逐层分解，落实到业务部门就会形成业务指标，落实到职能部门就会形成工作计划。之后，再将部门指标、计划落实到具体的岗位，形成岗位考核指标。通过对部门指标、部门计划的完成情况进行考核，个人目标、部门目标就能和公司战略目标建立紧密联系。

（2）岗位/部门职责。岗位/部门职责是在工作分析的基础上形成的，一个部门需要完成的工作有很多，这些工作有的必须完成，有的应该完成，有的适合完成。绩效考核指标的设定要找到必须完成、应该完成的工作，通过提炼、加工将其打造成可考核的指标。这些工作在部门负责的所有工作中的占比要超过80%。一般情况下，职能部门的日常行政管理、业务支持等工作目标无法直接通过公司经营目标体现出来，其绩效指标主要体现在岗位职责中。

（3）上级/客户期望。有些部门工作是上级领导交办的，更多工作是为客户服务的，所以，绩效指标的设定必须对客户期望、上级领导的期望进行综合考虑。

◆构建绩效指标体系中存在的误区

现阶段，企业在构建绩效指标体系的过程中经常出现的错误主要表现在三个层面，如表4–3所示。

表4–3　构建绩效指标体系的三大误区

误区	具体表现
理念层面	企业构建绩效指标体系的目的不明确，指标定位不准确；遵循“德、能、勤、绩”四大原则，缺乏创新；一味地追求面面俱到和公平公正，使绩效考核缺乏针对性，导致绩效考核结果失真
技术层面	企业构建绩效指标体系的目标和标准缺失，没有科学理论做指导，大部分都是静态指标，动态指标比较稀缺
执行层面	员工对绩效指标体系理解不深刻，其他部门不配合，权责不明

绩效指标体系的构建可以用“三段目标，两期工程”进行概括，其中“三段目标”指的是接受绩效指标、应用绩效指标、推动绩效指标发展，“两期工程”指的是初步构建绩效管理体系、全面应用绩效管理评估结果。整个过程始终要以战略目标为导向，构建科学合理的指标体系，解决绩效指标混乱问题。

首先，要保证公司关键绩效指标的方向正确。一般情况下，公司绩效评价周期为一年，公司每年都可以根据公司的战略规划对绩效指标进行调整，以此为基础对影响公司KPI的工作事项进行分解，构建公司的KPI指标库。

其次，提炼部门/岗位的关键绩效指标。每年初，公司各部门要根据公司KPI指标库制订本部门的KPI计划，形成年度业绩责任书。各部门在制订自己的KPI计划时，不仅要和部门月度KPI对照，还要和公司KPI对照，通过对比分析提炼出岗位KPI。

公司要通过这个过程将员工的关注点吸引到公司战略目标的实现方面，通过实际工作将战略落实下去，让所有员工都明白自己所处位置、所做工作的重要性，从而激励员工努力工作，不断提升自己的业绩水平。

4.2.3 绩效指标分解的工具和方法

一般来说，绩效指标可以用六种方法进行分解，包括格里波特四分法、业务流程图、财务工具、关键成功要素、鱼骨图和帕累托图，具体分析如下：

◆利用格里波特四分法分解绩效指标

（1）四分法的基本内容。1996年，格里波特四分法得到推广应用。格里波特四分法将多数岗位划分为四个关键的业绩领域：一是数量纬度，主要包括总量、单位数量；二是质量纬度，主要包括精确性、创新性与优越性；三是成本纬度；四是时效纬度，即任务完成的及时性。

（2）四分法的作用。格里波特四分法的作用主要表现在两个方面，一是能够帮助使用者寻找指标，二是能够深层次解决绩效制衡问题。

绩效管理指标本身存在一定的矛盾，且矛盾主要集中在数量指标与质量指标之间。如果只追求数量指标，就会在一定程度上忽略质量指标。但绩效管理指标设置不能一味地追求质量指标，否则会导致绩效管理的成本与时效出现问题。因此，绩效管理指标的设计要牢记一点，即在追求1/4的时候，还存在3/4可以考核之处。

（3）四分法的使用方法。使用格里波特四分法进行绩效指标分解，首先要确定一个范围，然后再选择指标。这里所说的范围就是围绕四个角度圈定一个区域，在这个区域中选择绩效考核指标。

◆利用业务流程图分解绩效指标

利用业务流程图分解绩效指标首先要明确某个部门某项工作的业务流程，从中寻找关键点，具体方法如下：

首先，分析绩效指标中的实际完成情况，即通过业务流程分析找到一些关键领域。

其次，搜集数据。对于企业来说，数据搜集是一项难度较大的工作。如果数据搜集工作做得不好，会直接影响绩效考核结果。

最后，对具体完成情况指标进行设计，绩效管理人员可以参照这种方法列出计划完成情况。这样一来，就变成了对数据搜集数量、质量、成本与及时性的考核，也就完成了对绩效考核指标的分解。

◆利用财务工具分解绩效指标

利用财务分析工具对绩效指标进行分解，例如杜邦分析评价法及能反映财务关系的公式——资产报酬率＝销售净利率×资产周转率，销售净利率＝利润率/销售净收入。通过财务运算分析很容易发现指标的因果关系，从而完成绩效指标体系的构建。例如国家电网提出“一强三优”，其中一个“优”指的是资产优良，这个绩效关键点可以分解出很多财务指标。

◆利用关键成功要素分解绩效指标

首先对关键成功要素进行分析，然后将其落实为关键业务指标，通过对相关关系的探寻构建整个指标体系。通过这个过程，不仅绩效指标得以分解，还实现了对整个管理流程关键点的深入思考，使绩效管理目标得以实现。

◆利用鱼骨图分解绩效指标

鱼骨图是由日本人石川馨提出的一种绩效指标分解方法，因为其外形酷似鱼的骨头，所以被称为鱼骨图、鱼刺图。因为鱼骨图可以发现问题的根本原因，因此又被称为Ishikawa或者因果图。鱼头部分为问题的结果，鱼骨部分为问题的成因。鱼骨上长出鱼刺，上面列出导致问题产生的各种原因，对各原因之间的关系进行说明。在鱼骨图中，指标分解过程就是寻找指标前因变量的过程。在这个过程中，主管只要将部门指标分解为岗位指标即可。使用鱼骨图分解绩效指标有一个前提条件，即影响绩效的因素之间都存在因果关系。

如图4–1所示，使用鱼骨图对绩效指标体系进行分解，首先要从设备、人员、方法、环境、原料、测量六个维度对绩效指标进行一级分解，然后再使用同样的方法对绩效指标进行二级分解，以此类推，最终完成对绩效指标的分解。

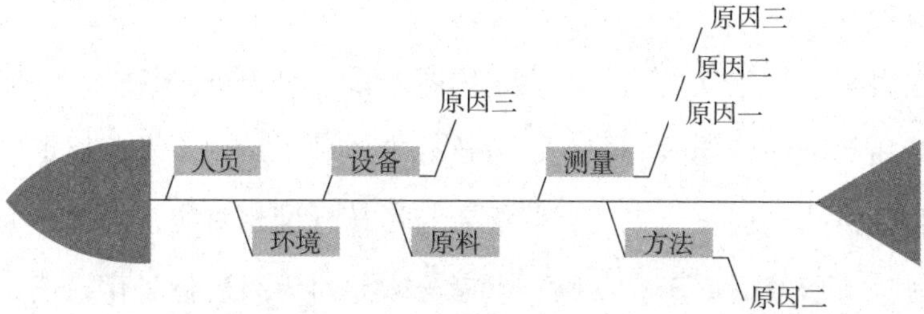

图 4–1　用鱼骨图法分解绩效指标

◆利用帕累托图分解绩效指标

使用帕累托图分解绩效指标，可以找到20%的关键业绩指标。具体操作方法如下：将主要因素放在下面作为结果变量，用柱条表示，然后对各种原因进行统计，用线条将累积变化表示出来。这样一来，横轴就表示这些因素导致的变化，纵轴就表示占不同比例的数量。

4.2.4 建立完善的目标卡与指标库

从本质上看，目标卡就是使绩效考核发展为双向互动的过程的卡片，可视为一份协议书。从功能层面来看，目标卡与智慧库存在较大差异，目标卡标注的是需要员工和主管协商确定的内容，智慧库标注的是可以按照流程操作的内容。在实践过程中，目标卡的构建可能会出现一些问题，例如缺乏定量标准、定义不明确、无法开展指标管理等。

为解决上述问题，必须对目标卡的设计与操作进行规范，合理安排目标卡的字段，对目标卡的填写做出合理规定。除此之外，公司还要对目标卡与数据库的用途进行明确区分，做好各项指标的数据库管理工作，使目标卡的内容一目了然、信息充足有效。

一般来讲，一个目标卡主要由表头、表格、标注等内容构成，其中表头主要填写员工所在部门、就职岗位、实践情况等信息，表格主要填写工作模块、指标名称、考核标准、权重、等级、参考分数、主管评分、备注等内容。

在目标卡的建立过程中，表格内容的设计是关键。其中，工作模块要反映所描述岗位的核心职责；考核标准体现了量化要求；权重要引导员工将注意力转向重点工作；等级要与考核标准相对应，等级靠前属于正激励，等级靠后属于负激励；参考分数要对等级进行量化描述；主管评分要求主管给出一个客观的分数。考核实现量化之后，彼此之间就无须太多监督。

为保证目标卡规范有效，公司要对目标卡的填写做出规定，引导员工正确使用目标卡，将目标卡在辅助员工思考问题、解决问题等方面的作用切实发挥出来。

相较于目标卡来说，指标库拥有的指标信息更全面、更丰富。每个岗位都有很多指标，而且这些指标在不断变化，需要建立指标库进行有效管理。为了能够将指标信息全面反映出来，指标库要留出充足的字段，对指标的分管领导、岗位所在部门、岗位名称、指标属性、关键业绩领域、指标名称、指标定义、计算公式、指标收集、指标来源、指标核对、统计周期、统计方式、评价分数、相关说明等内容做出详细说明。

指标库有两个非常重要的功能，一是查询，二是统计。对于数据库管理来说，指标设计意义重大。

4.2.5 岗位绩效指标提炼的技术方法

在绩效管理的各项工作中，岗位绩效指标提炼是一项基础工作，如果方法得当，这项工作就能事半功倍，之后的绩效管理工作也能更加顺畅。但在实践过程中，岗位绩效指标提炼经常出现一些问题。例如评价主体不当，主管全权负责；指标权重分配不当；等等。为了防止这些问题出现，公司要对客户群体进行细分，科学划分评价主体，开展多元化评价，保证评价结果客观有效。

岗位绩效指标提炼还可以利用现有的“工作分析”和“岗位说明书”进行，这种提炼方法叫作“于用完达”表述法，即在一定期限内用一定的成本资源完成一定数量的工作，达到预期的质量标准。为了防止指标权重分配失衡、指标缺乏挑战等问题出现，在提炼岗位绩效指标的过程中，公司可以对指标的重要程度进行排序，设计三级指标体系，然后对其进行分解。下面以“于用完达”表述法为例，对岗位绩效指标提炼进行阐述。

“于用完达”表述法其实就是格力波特提出的绩效管理四分法，提倡从质量、成本、数量、时效四个层面对绩效进行评定。在具体的绩效考核实践中，可以用一种固定的表达方法将这四个方面的内容表述出来，即在什么时间内用多少资源做多少事，达到什么样的质量标准等。

以工资及统计岗位为例，该岗位的一大职责就是工资计划管理，用“于用完达”法描述该岗位的关键绩效指标，具体如下：第一，在每月15日，通过与财务部沟通、协调完成纳税计划，达到一次通过报批的标准；第二，在每月30日，使用财务系统制作工资表，达到一次通过的标准。

除此之外，在具体的时间操作中，权重设计也是一大难点。如果只根据主管的意见设计各绩效指标的权重，设计出来的方案很有可能无法得到员工的认可；如果邀请员工参与设计，又很容易出现争执不休的情况。为了维护个人利益，员工很有可能增加简单指标的权重，降低复杂指标的权重。为了防止上述问题出现，绩效考核指标权重设计可以放弃赋值法，转用排序法，让主管和员工共同参与设计，让指标权重设计更加合理。

使用排序法设计绩效考核指标权重，首先，由主管按照各项考核指标的重要性对指标进行排序，然后再由员工进行排序；其次，为排在不同位置的指标赋予不同的分数；最后，将主管意见与员工意见放在一起进行综合计算。相较于主管和员工直接讨论各绩效指标的权重来说，这种方法能有效解决权重数量方面的争论，凸显各个指标在序列方面的差别。

绩效指标设计可以采用很多方法，但要想将绩效指标设计得更加合理，切实提升全体员工的绩效水平，就必须与企业、岗位的实际情况相结合，不断探索、改进。

4.3 绩效考核指标权重的设计

4.3.1 绩效考核指标权重设计的原则

绩效考核指标权重指的是每一个绩效考核指标在总分中所占比重，在一定程度上体现了某个单一指标在整个绩效考核指标体系中的重要性。

有些员工承担的工作任务比较多，工作目标也比较复杂，为了对这类员工的工作绩效做出科学评估，必须设置不同的绩效考核指标，并对各项考核指标的权重进行合理安排。

绩效考核指标权重设计就是要对各项绩效考核指标的重要性进行评估，对绩效考核指标权重做出合理安排，不同的权重设计会产生不同的考核结果。通过对企业绩效考核指标的权重分配进行研究，可以了解企业在绩效领域的重心分配，发现企业的价值导向，从而对员工行为给予一定的指导。因此，企业在设计绩效考核指标权重时，要对企业的战略目标进行充分考虑。

◆设计指标权重的目的

（1）避免出现考核误差。设计绩效考核指标权重可以帮助员工明确工作重点，找准努力方向。而且，在进行绩效考核时，也可以为考核人员明确考核重点，方便考核人员有针对性地进行考核，防止避重就轻的情况发生，保证考核结果客观、真实地反映被考核人员的工作情况，体现考核结果的公平、公正。

（2）导向作用。在设计绩效考核指标权重的过程中，对于事关企业发展、核心业务的实现等的考核指标，设计人员必然会增加指标权重，从而在一定程度上体现企业的发展战略与价值观念，对员工工作与行为产生导向作用。

（3）企业文化建设。从某种程度上看，绩效考核指标的权重分配也会体现企业的文化与制度，对企业的文化建设产生一定的影响。例如，绩效考核指标设计增加了员工爱岗敬业、团结友爱等指标的权重，可以增强员工的责任心，在公司内部形成团结友爱的氛围。

◆指标权重设计原则

绩效考核指标的权重设计要考虑具体岗位的工作性质与内容，遵守六项原则，如表4–4所示。

表4–4　绩效考核指标权重设计原则

原则	具体描述
平衡分布原则	一般来说，基层工作岗位的绩效考核指标不能少于5个，不能多于10个，每个指标的权重在5%～30%，不能过高或者过低。如果某项绩效考核指标的权重过高，员工在工作过程中就会投入大部分精力实现这一指标，忽略其他工作；如果权重设计过低，员工就会忽略这一指标，导致该指标在绩效评估中失去应有的价值。而且，为了方便计算，各项绩效考核指标的权重最好设计为5%的整倍数，最小为5%
导向原则	为了让绩效考核对企业战略目标的实现产生积极的推动作用，企业要根据战略发展方向对绩效考核指标权重进行设计，提高与企业战略目标相关度高的指标的考核权重，提高可以对企业战略目标的实现提供支持的目标的权重，提高综合性比较强的指标的考核权重
岗位差异性原则	从岗位层级来讲，岗位层级越高，财务性经营指标与业绩指标在绩效考核指标体系中所占权重越大；岗位层级越低，与岗位职责相关的结果性指标在绩效考核指标体系中所占权重越大，流程类指标所占权重越小
重点突出原则	根据帕累托法则，一个岗位重要的绩效考核指标最少2个，最多3个。如果有2个，每个绩效考核指标的权重在30%以上，其余指标的总权重不能超过40%；如果有3个，每个绩效考核指标的权重在20%以上，其余指标的总权重不能超过40%
先定量后定性原则	一般岗位绩效考核指标的权重设计要遵循“定量为主，定性为辅，先定量后定性”的原则，先设计定量类指标的权重，再设计定性类指标的权重，定量类指标的权重要大于定性类指标的权重
主观意图与客观情况相结合原则	考核指标权重在一定程度上体现了企业或考核者希望员工做出的工作行为以及努力的方向。当他们认为某项指标很重要，想要让员工认识到相应工作的重要性时，就会提高指标权重。但很多时候，现实情况往往无法与人们的主观意愿相契合，因此，在设计绩效考核指标权重时，设计者必须考虑实际情况，将引导意图与现实情况相结合

4.3.2　绩效考核指标权重的设计方法

要想做好绩效考核指标权重设计，绩效管理人员不仅要掌握指标设计原则，还要使用科学的方法。一般来讲，常用的绩效考核指标权重设计方法包括主观经验法、等级排序法、权值因子法及德尔菲专家咨询法等，如表4–5所示。

表4-5　绩效考核指标权重设计方法

方法	内涵与优缺点分析
主观经验法	主观经验法就是绩效管理人员根据自己积累的经验设计绩效考核指标的权重。这种方法对绩效管理人员的工作经验、专业能力都有比较高的要求，主要适用于规模较小的企业。如果绩效管理人员经验不足，可以参考同行业其他公司的绩效考核指标设计方案，结合企业的实际情况对各项指标权重进行调整，形成适合企业的绩效考核指标体系。主观经验法操作简单，但主观性比较强。为了保证各项指标权重设计的合理性，最好征求被考核部门与岗位人员的意见与建议
等级排序法	等级排序法就是将与被考核岗位相关的所有绩效考核指标一一罗列出来，通过两两对比的方法对这些指标的重要性进行排序，排序越靠前的指标权重越大，越靠后的指标权重越小。需要注意的是，这种方法只能用来确定各项绩效考核指标的相对权重，无法对各个指标绝对权重的设计进行指导。在相对权重确定之后，要用其他方法确定指标的绝对权重。除此之外，在对各项指标进行排序时，要征求该岗位最高领导、公司HR等的意见，以保证指标排序的合理性。这种方法实施起来比较简单，但主观性也比较强
权值因子法	权值因子法就是从多个维度对绩效考核指标的重要性进行评价，例如战略相关性、紧急性、价值性等。先组织绩效管理人员通过这几个维度对各项绩效考核指标进行评分，再通过加权平均值对各指标的权重进行计算。这种方法的专业性比较强，是目前很多咨询公司推荐使用的方法
德尔菲专家咨询法	德尔菲专家咨询法就是组织多名专家分别对绩效考核指标的权重进行设计，然后交给人力资源管理部门进行汇总平均，并将结果反馈给专家，让他们根据反馈结果对绩效考核指标权重进行调整，然后再交由人力资源管理部门进行汇总平均，根据汇总平均结果确定各类指标的权重。这里的专家一般由岗位任职者、部门负责人、人力资源部门的负责人、绩效管理经理、上下级员工代表等组成，如有必要还可以外聘专家，以保证绩效考核指标权重设计的科学性、准确性

总体来看，绩效考核指标的权重设计还要讲究灵活性，企业要根据自己的实际情况对各项考核指标的权重进行调整。例如，在设计销售类指标权重时，要考虑淡季与旺季的区别。另外，绩效考核指标的权重分配要让被考核人员发现自己在工作中的问题，从而达到提高绩效的目的。

4.3.3 负值取向的权重分配方法

在绩效考核体系中，每一项绩效考核指标都应该分配一定的权重，权重越大，说明这项指标越重要，权重较小则说明指标不那么重要。一般来说，在公司绩效考核的过程中，单项考核指标的权重不能低于5%，不能高于35%，可以根据具体岗位、考核时间等因素自由调整。下面以某公司采购部绩效考核指标的设计为例，对绩效考核指标权重设计方案进行分析，如表4-6所示。

表4-6 各绩效考核指标所占权重

序号	绩效指标	权重
1	净资产回报率	10%
2	市场交货达成率	10%
3	采购成本控制率	20%
4	采购交货达成率	30%
5	采购质量合格率	20%
6	重点工作计划达成	10%

在上面的绩效考核表中，各项考核指标的权重有大有小，哪项考核指标更重要一目了然。在这些考核指标中，净资产回报率与市场交货达成率体现了公司层面的目标要求，其他指标体现的是部门要求。如果只考核部门工作的完成情况，那么各项绩效考核指标的权重设计如表4-7所示。

表4-7 部门目标下的绩效考核指标权重设计

序号	绩效指标	权重
1	采购成本控制率	25%
2	采购交货达成率	35%
3	采购质量合格率	25%
4	重点工作计划达成	15%

在上述绩效考核指标权重设计中，每一项指标都有一个大于0的权重。如果目标完成，就能得到100%或者120%的权重配分；如果目标没有完成，最低会得到0分。这种权重设置方法虽然简单，但可能面临以下两个问题：如果考核项目过多，可能导致权重设置过于分散，每个考核项目能够分配到的权重过小，导致考核重点不突出；如果考核项目过少，虽然可以为某个指标分配更多权重，突出考核重点，但也可能导致没有被考核到的工作项目被忽略。

为了解决这一问题，我们尝试通过非常规的绩效考核指标权重设置来平衡指标数量与权重之间的关系，引导绩效考核向预期的方向发展，即负值取向的权重分配与正值取向的权重分配。下面我们首先分析负值取向的权重分配。

负值取向的权重分配遵循的是“只减分不加分”的原则，强调对绩效考核指标进行控制。目标完成得0分，目标未完成根据未完成的程度扣分，通过这种方式保证绩效考核项目的完整性，防止绩效考核指标的权重设计过于分散。具体来看，绩效考核指标的这种权重分配主要适用于以下几大场景：

◆跨部门/公司层面的考核指标

负值取向的权重分配方法适合应用于跨部门、跨公司的绩效考核指标设计中，可以为“部门绩效好，公司绩效差”“只有小团队，没有大团队”“各自为政，有问题相互推诿”等问题提供有效的解决方案。例如，“市场退货率”这一绩效考核指标，可以用于品质部的绩效考核，也可以用于生产部、技术部、研发部等相关部门的绩效考核。如果目标完成，所有部门的这一考核指标均得0分，如果目标没有完成，相关部门都要扣分。采用负值取向的权重分配方法，各项绩效考核指标的权重设计如表4-8所示。

表4-8　负值取向的权重分配方法下的绩效考核指标设计

序号	绩效指标	权重
1	净资产回报率	0（-10%）
2	市场交货达成率	0（-10%）
3	采购成本控制率	25%
4	采购交货达成率	35%
5	采购质量合格率	25%
6	重点工作计划达成	15%

◆长期易达成但又必须考核的指标

有些绩效考核指标的目标值设置得虽然很高，但员工只要努力就能完成，但如果不考核又担心该项工作被忽略，因为工作任务没有完成造成比较严重的后果。例如采购跟单员岗位的“订单过期的交期更改及时率”这一指标就让绩效考核人员非常头疼，历史考核结果都比较好，看起来似乎没必要进行考核，但如果不考核又担心出问题。对于这类指标，就可以采用负向取值的权重设置，如表4-9所示。

表4-9　“订单过期的交期更改及时率”的权重设置

序号	绩效指标	权重
……	订单过期的交期更改及时率	0（-10%）

◆发生概率很小的考核指标

有些绩效考核指标发生的概率很小，却必须进行考核，例如“安全事故零次”，这类指标也可以使用负值取向权重分配方法进行设置，如表4-10所示。

表4-10　“安全事故零次”的权重设置

序号	绩效指标	权重
……	安全事故零次	0（-10%）

◆日常事务性质的考核指标

很多企业的部门绩效考核都会考核“5S管理”指标，这种日常事务性的考核指标虽然不紧急，但是比较重要，可以采用负值取向的权重分配，如表4–11所示。

表4–11 “5S管理”指标的权重设置

序号	绩效指标	权重
……	5S管理	0（–10%）

4.3.4 正值取向的权重分配方法

正值取向的权重分配遵循“只加分不减分”的原则，强调对考核指标的期望与引导。这种考核指标面向的对象比较广泛，但实际发生关系的对象比较少，不适合做强制性规定。这种绩效指标的考核方法为指标未完成得0分，指标完成根据实际情况加分。这种方式既可以防止绩效考核指标的设置过于分散，又可以给那些出乎意料达成的绩效考核指标留有一定的空间。这种绩效考核指标的权重设置主要适用于以下场景：

◆案例1：考核指标“产品技术创新/工艺改善创新”

创新能力在一定程度上体现了企业的综合实力与核心竞争力，对企业的创新能力进行考核可以使用“产品技术创新/工艺改善创新”这一指标。该指标的适用岗位与部门有很多，具体包括技术研发、制造工艺、设备管理等。为了防止分散正常考核指标的权重，可以进行正值取向的权重分配，如表4–12所示。

表4–12 “产品技术创新/工艺改善创新”的权重分配

序号	绩效指标	权重
……	产品技术创新/工艺改善创新	0（10%）

◆案例2：考核指标“TQM”（全员质量管理）

“TQM”（全员质量管理）的适用范围很广，但不适合进行强制考核。如果可以在不占用常规绩效考核指标权重的情况下进行考核，可以产生很好的导向作用，正值取向的权重分配如表4-13所示。

表4-13 “TQM”（全员质量管理）的权重分配

序号	绩效指标	权重
……	TQM（全员质量管理）	0（10%）

◆案例3：考核指标“被采纳的提案数”

如果企业想要鼓励全体员工参与提案，就可以设置“被采纳的提案数”这一绩效考核指标。这一指标的指向对象比较广泛，但不适合强制考核，可以采用正值取向的权重分配，如表4-14所示。

表4-14 “被采纳的提案数”的权重分配

序号	绩效指标	权重
……	被采纳的提案数	0（10%）

◆案例4：考核指标“自我提升学习/职业资格认证”

如果公司比较注重员工学习与培训，可以设置“自我提升学习/职业资格认证”这一指标，鼓励员工参与培训，实现自我发展。这一指标可以采用正值取向的权重分配，如表4-15所示。

表4-15 “自我提升学习/职业资格认证”的权重分配

序号	绩效指标	权重
……	自我提升学习/职业资格认证	0（10%）

综上所述，通过负值取向的权重分配与正值取向的权重分配可以将一些控制类指标、引导类指标纳入考核范围。随着绩效考核的评分规则不断完善，项目内涵的界定越发清晰，必然可以将绩效考核的激励作用充分发挥出来。

5 绩效考核量化

5.1 关键绩效指标法（KPI）

5.1.1 关键绩效指标的4个特点

在绩效管理的过程中，绩效评估指标体系扮演的角色尤为关键，但很多国内企业往往直接模仿成功企业的绩效评估指标体系，在实践中由于不符合企业的实际状况，不仅未能对绩效管理产生促进作用，还引发了诸多问题。因此，对绩效评估指标体系进行深入分析，厘清其内涵与逻辑、制定策略与方法，对国内企业绩效评估指标体系的制定具有重要的现实意义。

KPI（Key Performance Indicators，关键绩效指标）是指对企业的宏观战略目标进行深入分解后获得的实操性量化管理指标，能够为宏观战略决策执行效果考核提供重要依据，具体表现为通过对组织内部流程输入与输出端关键参数进行控制（包括设置、取样、计算、分析等）来衡量流程绩效。

◆关键绩效指标的主要特点

关键绩效指标来自对企业总体战略目标的分解，反映的是可能对企业价值创造产生影响的关键驱动因素，并且只反映目标职位的主要经营活动效果。关键绩效指标具有四大特点，具体分析如下：

（1）来自对公司战略目标的分解。关键绩效指标的第一大任务就是对各个岗位的工作绩效进行衡量，衡量内容主要根据企业的战略目标来确定。当关键绩效指标成为公司战略目标的有效组成部分或者对公司战略目标的实现产生强有力的支撑时，对应的岗位就会将完成岗位职责、实现公司战略目标作为主要职责。如果关键绩效指标与公司战略目标脱离，那么它衡量的职位方向也将与公司战略目标的实现产生分歧。

关键绩效指标需要进一步对公司战略目标进行细化。公司战略目标具有长期性、指导性、概括性的特点，而各职位的关键绩效指标内容比较丰富，具有一定的针对性，其主要功能在于对当年的工作绩效进行考核，具有可衡量性。因此，关键绩效指标是对驱动公司战略目标实现的具体因素的全面挖掘，体现了公司战略目标对各个职位工作绩效的具体要求。

关键绩效指标要根据公司战略目标的发展不断调整，以反映公司战略的新内容。

（2）关键绩效指标是对绩效构成中可控部分的衡量。企业经营活动的开展效果不是由单一因素决定的，而是内因和外因共同作用的结果。其中，内因指的是员工可以控制、影响的因素，可以用关键绩效指标衡量。关键绩效指标要尽可能地反映员工工作直接可控的效果，将外界环境或他人造成的不良影响剔除。以销售部门为例，如果要衡量销售部门的市场开发能力，可以将销售量与市场份额作为关键绩效指标，其中销售量的计算方法为市场总规模乘以市场份额，市场总规模是不可控变量。

两相比较就会发现，市场份额体现了职位绩效考核的核心内容，更适合作为关键绩效指标。

（3）KPI是对重点经营活动的衡量，不是对所有操作过程的反映。各个职位的工作内容涉及的方面各不相同，高层管理人员的工作任务比较复杂，但关键绩效指标只能衡量那些对公司战略目标的实现影响较大的因素，只能对企业的重点经营活动进行衡量，无法做到全覆盖。

（4）KPI获得组织上下的认同。关键绩效指标不是由上级强行制定的，也不是由本职位自行制定的，而是由组织上下级共同制定的，获得中高层领导与基层员工的一致认同。也就是说，关键绩效指标不是上级向下级施压的工具，体现的是企业员工对职位工作绩效要求的共同认知。

KPI体系与一般绩效考核的指标体系存在显著区别，主要表现在六个方面，如表5-1所示。

表5-1　KPI体系与一般绩效考核体系的区别

项目	KPI体系	一般绩效考核的指标体系
假设前提	假设员工会采取一切必要行动努力达到既定目标	假设员工不会主动采取行动以实现目标；假设员工不清楚应该采取什么行动实现目标；假设制定和实施战略与一般员工无关
考核目的	以战略为中心，指标体系设计与运用都是为战略服务的	以控制为中心，指标体系的设计与运用来源于控制的意图，以达到有效控制员工行为的目的
指标产生	在组织内部自上而下地对战略目标进行分解产生	通常是自下而上地根据个人以往的绩效与目标产生
指标来源	来源于组织的战略目标与竞争需要	来源于特定的程序，即对过去行为与绩效的修正
指标的构成与作用	通过财务与非财务指标相结合，体现关注短期效应，兼顾长期发展的原则；指标本身不仅传达了结果，还体现了产生结果的过程	以财务目标为主，非财务目标为辅，注重对过去绩效的评价，指导绩效改进的出发点是过去的绩效存在的问题，绩效改进行动与战略需要脱钩

续表

项目	KPI体系	一般绩效考核的指标体系
收入分配体系与战略的关系	以KPI的值、权重相搭配，有助于推进组织战略的实施	与组织战略的相关程度不高，但与个人绩效的好坏密切相关

◆关键绩效指标对组织的意义

对于企业来说，关键绩效指标意义重大，主要体现在以下五个方面：

（1）关键绩效指标是公司战略目标的分解，可以对公司战略目标的落地执行产生强有力的推动作用。

（2）关键绩效指标的设置可以让上下级对职位工作职责与关键绩效要求产生清晰认知，统一各类人员的工作方向。

（3）关键绩效指标的设置让绩效管理变得透明、客观、可衡量。

（4）关键绩效指标反映了关键经营活动的绩效，可以帮助各岗位员工明确工作重点，集中精力做好有助于公司战略目标实现的工作。

（5）管理人员定期对关键绩效指标的执行结果进行计算与总结，可以对经营领域的关键绩效参数进行了解，及时发现其中存在的问题，并采取行动予以改进。

5.1.2 企业KPI设计存在的问题

随着我国企业对人力资源管理的重视程度不断提升，相关理论也得到了发展与应用。对于企业来说，对员工进行绩效考核已经成为一项重要工作。为了提高绩效考核的质量与效率，企业开始探索科学的方法。近年来，关键绩效指标法获得了大多数企业的认可，在越来越多的企业得到了应用。KPI是对工作人员的工作绩效进行考核的量化指标，不是目标，但可以用来确定目标。虽然KPI的功能强大，但在实际应用的过程中不免出现各种问题，如图5-1所示。

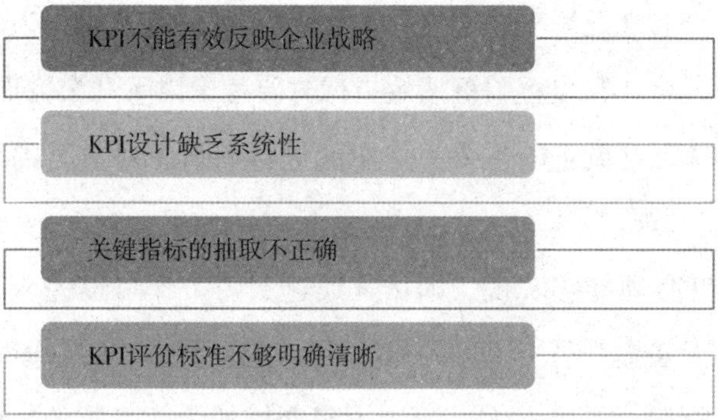

图 5-1 KPI 设计存在的四大问题

◆KPI不能有效反映企业战略

导致这种情况出现的因素包括两个：一是企业自身战略目标不清晰，描述战略目标时，高层管理者使用了较多宽泛性、模糊性的词汇，导致员工不能真正理解企业的战略目标。二是关键绩效指标不是根据企业战略目标制定的。事实上，一套科学的关键绩效指标应该是对公司战略目标的层层分解，这样才能保障员工行为与策略能够和组织战略目标相一致。

◆KPI指标设计缺乏系统性

绩效是多维度、多层次的，企业在制定关键绩效指标时要充分考虑这种特性，在明确个体绩效、团队绩效及组织绩效的同时，厘清关键绩效指标之间的逻辑。从横向上看，部门绩效协调配合，共同服务组织绩效，厘清横向联系是实现组织战略目标的重要保障；从纵向上看，员工绩效服务部门绩效，部门绩效服务企业绩效，厘清纵向联系有助于解决执行不到位的问题。

◆关键指标的抽取不正确

很多企业在确定KPI时往往会出现以下两个问题：第一，KPI指标设置得过于笼统，操作难度较大，考核结果容易出现偏差，无法做到客观公正；第二，KPI设置一成不变，与企业战略目标脱离。为了避免出现这两个问题，企业在设置关键绩效指标时要考虑以下几个方面：

（1）KPI要对员工的主要工作职能进行衡量，对员工的绩效水平进行客观反映。

（2）KPI必须能够实现，即员工通过努力工作可以完成。无法完成的指标不仅无法提升员工工作的积极性，还有可能产生反作用。

（3）指标数量不能过多，否则不仅会增加绩效考核的工作量，而且很容易让员工厌倦。

（4）KPI要便于考核，要让管理人员能够通过简单的方法得出公平公正的结论。

◆ KPI评价标准不够明确清晰

企业在设置好KPI之后，没有对指标评价方法做出科学界定，这样一来，即便KPI选择正确，绩效考核结果也很容易因为评价标准过于模糊而失准。因此，企业在设置好KPI之后，要对各项指标进行量化考核，从而使之便于衡量。如果KPI模棱两可，很难得出准确的结论。

在KPI指标选取方面，岗位类型不同，KPI的选取重点也应该不同。例如，对快递员进行绩效考核，可以将派件数量作为KPI。但如果要对企业的行政管理人员进行绩效考核，由于这类人员大多从事辅助性工作，主要为公司核心业务的开展提供辅助、支持，绩效考核很难量化，因此，KPI可以用工作要求或任务进行界定，将考核指标细化到每一项任务中，给每一项任务添加权重，通过任务完成质量进行考核。

5.1.3 KPI分解的四大原则

KPI分解需要遵循四大原则，具体如下：

◆原则1：根据员工的工作性质和内容确定各指标权重

以财务岗位的KPI分解为例，对于客户经理来说，财务指标在所有指标中的占比为60%；对于呼叫中心的管理者来说，财务指标在所有指标中的占比为5%；对于维修部的管理者来说，财务指标在所有指标中的占比为25%。之所以要这样对KPI进行分解，主要原因在于公司的前端是公司收入的主要来源，后端是公司运营成本的主要来源，因此，前端部门财务类指标所占权重应该大于职能部门或其他与财务没有直接关系的支撑部门。

◆原则2：明确关键绩效指标的计算和数据来源

KPI分解必须明确关键指标的计算方法以及数据获取渠道，以某通信公司为例，其对关键绩效指标做出了详细、准确的定义，如表5-2所示。

表5-2　某通信公司对于关键绩效指标的定义

关键绩效指标	指标定义	数据来源	考核周期
分公司贡献	实际收入－实际网络成本－运营成本	财务部	季度、年度
坏账	应收账款超过3个月以上÷公司贡献×100%	财务部	季度、年度
净营运资产贡献率	固定资产＋流动资产＋无形资产	财务部	季度、年度
实际网络成本	实际网络成本折旧＋网络维修费用	财务部	年度
收入增长率	（当年客户收入－去年年终客户收入）÷去年年终客户收入×100%	财务部	年度
用户人均收入	（用户租费收入＋通话费收入＋服务费收入）÷用户总数	财务部、营销服务中心	季度、年度

◆原则3：定性指标用分级评估表的形式予以明确

对于定性指标，要用分级评估表的形式呈现出来，如表5-3所示。

表5-3 合格的分级评估表

评估方面	优（100%）	良（75%）	中（50%）	差（0）
部门协调能力	主动协调相关部门，全面开展各项工作，流程运作非常顺利	能够协调相关部门开展各项工作，流程运作没有严重问题	基本能够协调相关部门开展各项工作，流程运作有较少问题	无法协调相关部门开展工作，流程无法运作
政府协调能力	主动及时地走访政府相关部门，与其沟通融洽，使企业各项工作顺利开展	能够按计划与政府相关部门沟通，基本能开展各项工作	基本能与政府相关部门保持沟通，但工作开展不顺利	不能与政府相关部门保持联系，各项工作无法开展
关键岗位人才的培养	注重后备人才的发掘，有计划、有针对性地提供培训、锻炼机会，使企业各项工作顺利开展	能够提供后备人才的培训、锻炼机会，基本能够满足关键岗位的人才需求	不能按计划开展后备人才的培训与锻炼，关键岗位人才培养发展不均衡	不能提供培训、锻炼计划，导致后备人才短缺
客户响应	主动分析市场发展趋势，对新业务需求有预见性，并协调后端对新业务进行测试、论证及网络承受能力的预测，以主动向客户提供响应或者在客户提出业务需求时立即响应	对客户提出的电信业务需求能够及时协调后端，在客户需求时间内满足	对客户提出的电信业务需求不能主动协调后端，能满足客户基本需求，但时限较长，无法让客户满意	不能满足客户提出的业务需求，不能协调后端

◆原则4：职能部门关键业绩指标设计要以主要工作的完成情况为基础

KPI设计不仅要考虑主要工作的完成情况，还要对可能对工作完成情况造成影响的三大因素（时间、质量与成本）进行充分考虑，具体来说就是工作能否及时完成、工作完成质量如何、核心工作的费用支出是否合理等。

5.1.4 KPI体系的设计方法

KPI体系设计不能盲目，要遵循的流程如图5-2所示。

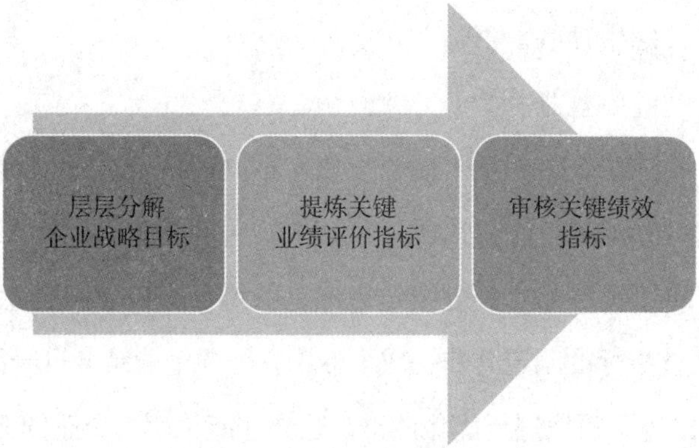

图 5-2 KPI 指标体系设计的流程

◆层层分解企业战略目标

例如，先按照研发部门、生产部门、物流仓储部门、服务支持部门、管理部门等对企业战略目标进行分解，然后再细分为员工个体的岗位目标。科学设定并评估工作产出，是设计关键绩效指标的基础和前提，不同部门、岗位的工作产出存在明显差异，可以是产品，也可以是服务。设定并评估工作产出要坚持客户导向原则，此处的客户并不局限于组织外部的需求方，还包括所有的组织成员。简单来说就是树立内部客户理念，组织内部同一链条中的上一环节对下一环节负责。

◆提炼关键业绩评价指标

基于岗位说明书，深入分析岗位工作内容，找到工作重点，从考核对象的评价指标中找出3～5个最关键的业绩评价指标作为KPI。需要注意的是，KPI选取应该坚持硬指标和软指标相结合的基本原则，硬指标以统计数据为主，较为客观；软指标通常需要考核人员进行主观判断，例如为考核对象工作积极性打分等。此外，KPI的选取还应该统筹企业的短期利益和长期目标，短期利益能为企业发展注入源源不断的资金等资源，是企业不断发展的重要保障，仅谈长期目标，不考虑短期利益的企业是很难长期生存的。

◆审核关键绩效指标

例如：关键绩效指标是否便于量化？不同评价者对考核对象某项关键绩效指标进行考核时，能否达成一致结果？关键绩效指标能否体现考核对象绝大部分的绩效目标？关键绩效指标是否符合客户导向理念？需要指出的是，KPI考核指标的制定并非一成不变，它需要企业结合自身的发展情况、遇到的新问题等不断地进行优化调整，这样才能长期为企业创造价值。

近年来，基于关键成功要素，利用QQTC模型确定KPI被企业界广泛采用，如表5-4所示。

表5-4 利用QQTC模型确定KPI

QQTC模型	具体操作
Q（Quantity，数量）	按照相关规定，考核对象需要完成的工作量，通常以个数、人数、次数、额度、项数表示
Q（Quality，质量）	按照相关规定，考核对象需要达到的工作质量，通常用及时性、达成率、合格率、满意度、周转次数、完成情况等表示
T（Time，时间）	按照相关规定，考核对象完成工作的时间，通常以批准时间、开始时间、结束时间、完成时间、最早与最迟开始时间、最早与最迟结束时间等表示
C（Cost，成本）	按照相关规定，考核对象完成工作所需要付出的成本，通常以预算控制、总费用等表示

在管理实践中，还可能会将不同类型的指标相组合，例如效益=时间+成本、效率=时间+数量等。通过QQTC模型确定KPI，并非一定要对每一项关键成功要素都进行上述四个方面的转化，部分要素仅从一个或两个方面进行转化即可，因为某些要素无法完成转化或者转化成本过高。

我国经济正处于调结构、去产能的转型期，市场竞争越发激烈，企业要想更好地生存发展，不但要合纵连横，借助各种外力与手段提高市场竞争力，更要修炼内功，提高自身的管理水平，长期致力于构建标准化、科学化、系统化的管理体系，提高对绩效管理的重视程度，树立以绩效为导向的企业文化，推动企业长期稳定发展。

5.1.5 各职能部门KPI设计

对于不同的职能部门，应设计不同的KPI体系，下面以研发部门、营销部门、采购部门、生产管理部门和财务管理部门为例，对KPI指标体系的设计进行具体分析，如表5–5至表5–9所示。

表5–5 研发部门关键绩效指标

项目	指标名称	指标定义	设立目的	数据收集
组织增幅	新产品销售额比率增长率	年度新产品订货额占全部销售订货额比率的增长率	及时将新产品推向市场、确保新产品的发展潜力	市场营销部
	老产品市场增长率	老产品的净增幅	反映产品研发效果，体现公司的增长后劲，坚持产品的市场检验标准	财务部
生产率提高	人均新产品毛利增长率	在计划期内，新产品销售收入减去新产品销售成本后的毛利与研发系统员工平均人数之比的增长率	反映研发系统人员的平均效率，控制研发系统人员结构，改善研发资源	人力资源部
成本控制	老产品技术优化及物料成本降低额	在计划期内，销售的老产品扣除可比采购成本升（降）因素后的物料成本降低额	促进研发部门不断完善和改进老产品，降低老产品的物料成本，提高老产品的竞争力	财务部
	产品运行故障下降率	在计划期内，网上运行产品故障总数的下降率	促使研发系统提高新、老产品的质量与稳定性，降低产品维护费用	市场部

表5-6　营销部门关键绩效指标

项目	指标名称	指标定义	设立目的	数据收集
组织增幅	销售额增长率	在计划期内，分别按订货口径计算和按销售回款口径计算的销售额增长率	作为反映公司整体组织增幅和市场占有率提高的主要指标	财务部
	出口收入占销售收入比率增长率	在计划期内，出口收入占销售收入比率的增长率	强调增加出口收入的战略意义，促进出口收入增长	财务部
生产率提高	人均销售毛利增长率	计划期内，产品销售收入减去产品销售成本后的毛利与营销系统平均员工人数之比	反映营销系统运行的效率	财务部、人力资源部
成本控制	销售费用率降低率	在计划期内，销售费用支出占销售收入比率的降低率	反映销售费用投入产生销售收入的效果，促使营销系统更有效地分配和使用销售费用	财务部
	合同错误率降低率	在计划期内，发生错误的合同书占全部合同书的比率的降低率	促进营销系统减少合同错误，合理承诺交货期，从而提高整个公司的计划水平与经济效益	生产总部

表5-7　采购部门关键绩效指标

项目	指标名称	指标定义	设立目的	数据收集
组织增幅	合格物料及时供应率提高率	计划期内，经IQC检验合格的采购物料及时供应的项次占生产需求的物料采购项次的比率的提高率	反映采购系统管理供应商的能力，以及对均衡生产的保障能力和响应能力	生产总部
生产率提高	人均物料采购额增长率	在计划期内，到货的物料采购总额与采购系统平均员工人数之比	反映采购系统的生产率，促使其减人增效	人力资源部
成本控制	可比采购成本降低率	按代表性物料品种（重点是A类物品）计算的与上年同期比较或与业界最佳水平比较的采购成本降低率，在采购成本中包含采购系统的费用分摊额	降低物料采购综合成本	生产总部

表5-8 生产管理部门关键绩效指标

项目	指标名称	指标定义	设立目的	数据收集
组织增幅	及时齐套发货率增长率	计划期内，生产部门按照订货合同及时齐套正确发货的产值在计划产值中的占比	反映生产系统和公司整体的合同履约能力	市场部
生产率提高	人均产值增长率	计划期内，生产系统总产值与平均员工人数之比	反映生产系统的劳动生产率，促使其减人增效	财务部、人力资源部
成本控制	制造费用率降低率	产品制造成本中制造费用所占比率的降低率	促使生产系统降低制造费用	财务部
	产品制造直通率提高率	产品（含元器件）一次性通过生产过程各阶段检验的批次占全部生产批次的比率的提高率	提高制造质量，降低制造质量成本	管理工程部

表5-9 财务管理部门关键绩效指标

项目	指标名称	指标定义	设立目的	数据收集
组织增幅	净利润增长率	计划期内，净利润增长率	旨在促进财经管理系统通过对全面预算的有效控制和对贷款回收的有效监控，促进公司最终成果的增长	管理工程部
生产率提高	财经管理人员比例降低率	计划期内，技术财经管理系统人员平均数量占公司员工平均数量的比例降低率	旨在促进财经管理系统减人增效	人力资源部
成本控制	管理费用降低率	计划期内，公司管理费用支出占销售收入的比率的降低率	促使财经管理系统通过全面预算管理，有效提高管理费用支出效果，降低管理费用率	管理工程部

5.2 目标与关键成果法（OKR）

5.2.1 OKR绩效考核的主要优势

OKR（Objectives and Key Results，目标与关键成果法）是英特尔公司发明的一套明确与跟踪目标及其完成情况的管理工具与方法。谷歌成立之后，约翰·杜尔（John Doerr）将这一方法引入谷歌，沿用至今。

OKR绩效考核的优势在于可以帮助企业明确战略优先事项，让企业员工养成目标导向与结果意识，加强跨部门合作，适应不断变化的市场环境，精准识别高绩效员工。具体来看，OKR绩效管理模式的优点主要表现在几个方面，如图5-3所示。

图5-3 OKR绩效管理模式的四大优点

◆团队合作

OKR绩效考核将团队目标与个人目标联系在一起，共同推动公司战略目标的实现。公司高层管理人员设置公司OKR，部门管理者根据公司OKR设置部门OKR，部门员工再根据部门OKR设置个人OKR。这样一来就可以保证所有人朝同一个目标前进。

◆灵活性

OKR绩效考核周期比较短，可以根据业务发展与市场环境的变化调整考核指标，从而降低风险，减少浪费。一般来说，战略性OKR的绩效考核周期大约为1年，战术性OKR的绩效考核周期大约为3个月。绩效考核周期结束，考核人员会对绩效考核结果进行分析，对战略性OKR进行调整。如果是刚成立的公司，最好采用战术性OKR，考核周期设置为6周或者8周，从而减少计划时间。

◆聚焦

OKR绩效考核设置的考核指标较少，考核目标和关键结果都比较简单，可以让员工将更多精力放在更重要的工作上。在OKR模式下，团队或个人应该设置2～4个绩效考核目标，每个目标设置3～5个关键结果。只要内容与当前目标无关，就可以自动转移到下一个绩效考核周期。

◆自治与问责

OKR绩效考核指标由上而下设定，使得公司可以利用一线问题的专业知识进行改进。为了保证绩效指标设置的科学性，应该由团队成员自主设置绩效考核指标，这部分绩效指标的占比至少为60%。在这种模式下，每个人都要对自己的目标负责，因此会更有动力实现这些目标。

5.2.2 OKR与KPI绩效模式比较

移动互联网时代的到来，使得企业的经营环境变得愈来愈复杂，充满不确定性，这就对企业的管理提出了更高的要求。如何通过绩效管理带动员工持续成长，进而赋予企业强大的生命力，成为企业管理者不得不思考的问题。

◆KPI绩效管理模式存在的问题

工业化时代企业绩效考核的参照往往是KPI等，即将企业的战略目标进行分解，细分到各个部门和岗位，然后根据员工的指标完成情况进行绩效考核。虽然在工业化时代，KPI绩效管理模式在一定程度上提升了企业的运行效率，但在高度信息化的移动互联网时代到来后，该模式渐渐丧失了原有的激励作用。

KPI绩效管理模式存在的问题主要体现在几个方面，如图5–4所示。

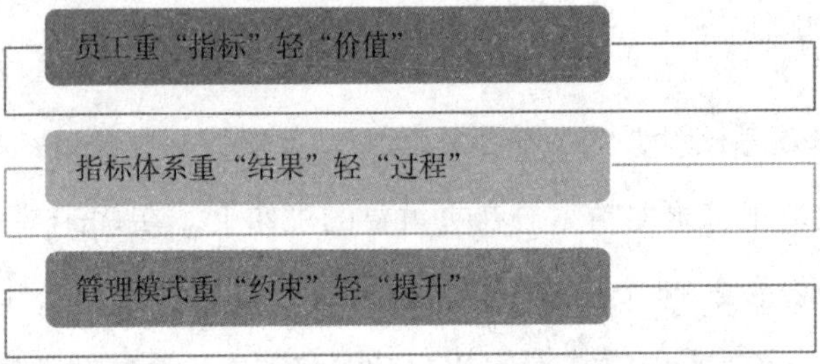

图 5–4　KPI 绩效管理模式存在的三大问题

（1）员工重“指标”轻“价值”。KPI绩效管理模式将企业的战略目标层层分解到各个岗位，因此，一方面，员工主要关注个体的指标完成情况，而忽视岗位工作对企业的价值；另一方面，每个员工对指标的理解可能与管理者制定该指标的目的存在一定的出入，导致员工对绩效考核结果产生怀疑。

此外，企业运营中存在着一些突然产生且必须完成的任务，管理者在计划阶段无法测量这些任务，也无法为其制定目标。这种情况会导致大量员工在考核期间修改KPI甚至弄虚作假，于是，各项KPI从表面上看已经完成，实则流于形式，失去了本来的意义。

（2）指标体系重“结果”轻“过程”。企业在应用KPI绩效管理模式时可能遇到一些问题，例如指标一般按照月份、季度等进行阶段性考核，缺乏对过程的了解；企业各个指标的制定涉及企业生产、销售等各个环节，数据采集需要耗费比较大的精力，对指标的进展缺乏足够的了解。

指标考核的特点决定了员工无法根据实际情况对指标进行调整，面临考核时，为了避免受到惩罚，员工有可能进行数据造假。而且，员工在平时的工作中无法获得及时的指导，不利于个人的成长和企业的发展。

（3）管理模式重“约束”轻“提升”。产生于工业化时代的KPI绩效管理模式主要通过对员工的约束促使其完成绩效指标，并不注重员工的工作能力提升与否。在企业的业务流程中，员工具有比较强的可替代性。

一些企业过度追求数字目标的达成，而数字目标背后不可测量的愿景则完全被忽略，背离了目标制定的初衷。传统KPI考核要求将目标转化为可用数字衡量的关键绩效，要求绩效制定者具备较强的专业能力。例如，一家互联网公司的目标是让更多的客户喜欢其产品，于是KPI制定者使用“页面浏览量”作为衡量“喜欢”的标准，并向下属员工下达了KPI。于是，员工为了完成KPI把一个网页上的内容分到了几个网页上，使得用户需要点击多个网页才能完成原本在一个网页上就能完成的事情，结果员工虽然完成了KPI，用户却越来越讨厌该公司的产品。这种情况实则是绩效制定者专业能力不足所致。

◆ OKR与KPI绩效模式比较

OKR强调对关键结果进行量化，而非对目标进行量化，同时关键结果必须服从目标，为目标服务。从某种程度上看，关键结果就是实现目标的一系列手段。员工、团队、公司可以在执行OKR的过程中对KR进行修改，确保KR始终服务于O，以保证执行过程与目标愿景始终保持一致，为KPI目标无法制定、难以测量等问题提供有效的解决方案。

同时，OKR可以激励员工、团队、公司定期思考，对目标和任务的优先级进行排序，创建公开透明的氛围，促进各方协同，让公司全体员工集中精力解决某几项关键任务，并对目标完成过程进行有效监督。如果KPI可以对员工产生有效激励，那么OKR就可以进一步调整员工的工作方向，让工作方向始终保持正确。由于OKR不与员工薪酬、职位晋升等直接挂钩，所以不会给员工造成太大压力，评价结果相对比较真实。

OKR和KPI是两套完全不同的绩效考核方案，根本目的存在较大区别。OKR的目的在于完成一个有难度的项目，对各项工作的开展过程进行有效监控；KPI的目的在于保质保量地完成既定目标。有人将KPI比作流水线式的生产与制造，要求规则制定者对生产流程以及产能有充分了解；将OKR比作自由团体的群起响应，要求参与者与组织确立共同的目标，为了目标的实现共同努力。因此，相较于KPI，OKR更加人性化，更符合社会发展潮流。

自下而上的设计有利于员工发挥创造力，自上而下的设计则有利于贯彻执行。如果企业明确了发展方向，可以自上而下地设计KPI，让员工按部就班地完成各项任务，实现最终的目标。如果企业已经处在行业领先地位，没有可跟随的目标与方向，需要依靠创新实现进一步成长与发展，为了充分发挥员工的创造力，可以自下而上地设计OKR。

绩效管理由来已久，OKR和KPI这两种绩效管理方式各有优势、自成体系，无法相互取代。企业要根据实际情况选择适合自己的绩效管理方法，以对员工产生有效激励，让员工为了完成企业目标共同努力。

5.2.3 基于OKR的绩效管理框架

由于KPI绩效管理等过度指标化的管理模式的激励效果不断减弱，越来越多的企业开始回归绩效管理的本质，即如何就目标与员工达成共识，通过目标的实现过程激发员工的工作潜力，并通过员工的个人成长促进企业的发展。在这种情况下，OKR绩效管理体系在企业得到广泛应用，并取得了比较理想的效果。

基于OKR的绩效管理框架设计思路如图5-5所示。

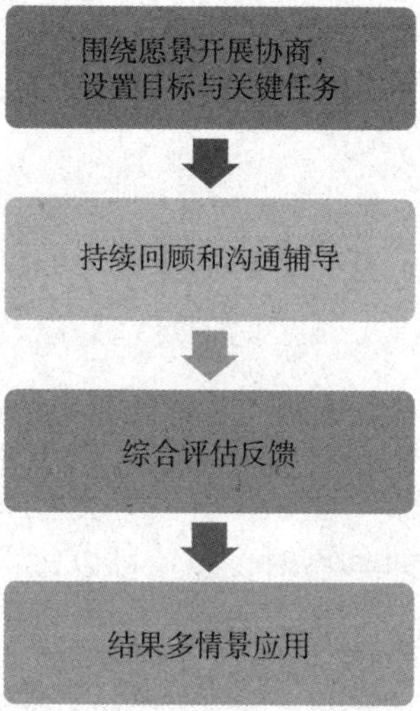

图 5-5　基于 OKR 的绩效管理框架设计思路

◆围绕愿景开展协商，设置目标与关键任务

企业高层管理者制定了企业的年度愿景与工作目标后，将其传达至全体员工；企业的中层管理者根据企业的年度愿景和工作目标制定部门的年度目标；员工通过已经确定的企业年度目标和部门年度目标设置个人的年度工作计划；最后，员工与管理层进行沟通，确定其所设置的个人目标能够推动部门以及企业目标实现。

上述工作目标制定过程不存在上下级之间的指令下达，主要通过共同协商的方式确定个人的工作计划。甚至一些企业通过自下而上的方式进行年度愿景与工作目标的制定，即对员工充分赋能，由员工提出部门的工作目标，然后通过与部门管理者进行沟通，最终确定部门的年度目标。不论以上提到的哪一种方式，员工的工作计划与部门的工作目标以及企业的工作目标都是一致的。

◆持续回顾和沟通辅导

工作目标制定后，在完成目标的过程中，员工需要注意及时回顾，与管理者进行持续沟通。需要注意的是，对工作目标的“回顾”并非绩效考核，而是通过检查发现目标完成过程中可能存在的偏差，并及时调整。

围绕目标完成工作，管理者通过与员工的持续沟通辅导，能够了解员工工作目标的完成情况、员工的不足之处以及是否需要有关资源支持等，在促进员工顺利完成目标的同时也使其更快地成长。

◆综合评估反馈

在应用OKR绩效管理体系时，企业可以每半年或一年进行一次综合评估反馈，对员工的目标完成情况进行评价。

一方面，对员工的工作目标进行评价时，需要注意的是，管理者不应该局限于目标完成度这一单一指标，还可以将员工的能力、价值观等内容综合纳入考虑。而且评价时需要参考任务的难度系数等，保证评价的客观公正。

另一方面，根据OKR执行情况进行分析，以调整下一阶段的OKR。在分析完成后，可以在企业内就员工的经验进行分享，以提高团队的信任感和凝聚力。

◆结果多情景应用

OKR考核结果可以应用于企业管理，为企业培训、发展等工作提供依据。在具体的应用过程中需要注意的是，应该淡化排名等传统绩效考核方式，在激励优秀员工的同时避免打击其他员工。

5.2.4 谷歌OKR绩效考核制度

在许多业内人士看来，在众多互联网公司中，谷歌是一家比较特别的公司，其富于创新意识、气氛自由，同时又显得有些“散漫”。事实上，谷歌表面看似“散漫”，却拥有一套十分精密、严谨的内部目标考核制度——OKR。这项制度实现了完全数字化，对谷歌员工的考核评分完全对内公开，是促使谷歌内部各部门开展任务协作的重要手段。

OKR制度是一种目标管理和绩效管理工具，它克服了KPI在实操中存在的一些问题。与KPI不同，OKR本质上并不是考核工具，而是目标管理工具。

◆谷歌执行OKR的基本要求

OKR原本是Intel公司为企业、团队和员工量身打造的一套考核系统，在20世纪由Intel的VP John Doerr引入谷歌，从此以后，OKR成为谷歌公司的核心考核系统。除谷歌外，还有很多互联网公司使用了OKR系统。谷歌执行OKR的基本要求如下：

（1）最多设置5个目标，每个O下最多设置4个关键结果。

（2）在所有的目标中，60%源于底层。

（3）所有人必须在OKR指导下协同工作，不能出现任何命令。

（4）最好能用一页纸写完，最多不能超过两页纸。

（5）OKR不是绩效评估工具，不直接影响员工的薪酬水平与职位晋升，所得分数只能起到引导作用。

（6）最佳得分为0.6～0.7分，满分1分并不代表成功，可能意味着目标设置过低；分数不足0.4分也不代表失败，但需要考虑项目继续开展的意义，明确哪些项目需要继续，哪些项目应该停止。只有在关键结果仍然重要的情况下，才有必要持续付诸努力。

（7）公司联合会要保证所有人目标一致，保证每位员工都能获得大家的认可与帮助。

◆OKR的四个关键要素

OKR绩效管理有四个关键要素，如表5-10所示。

表5-10　OKR绩效管理的四个关键要素

关键要素	具体要求
明确目标	目标要由个人与公司协商确定，具有一定的挑战性，从而激励员工努力奋进，以免出现期限不到目标就先行完成的情况
可量化	对关键结果做出可量化定义，尽量避免模棱两可的描述，例如，让某产品在9月上线，11月用户达到××，不要描述为“让某产品取得成功”
指标透明	从个人到团体再到公司都要设置OKR，各项指标必须公开透明。谷歌会对OKR的内容和成绩进行公示，每位员工的个人介绍页都有OKR记录。这样一来，每位员工过去做过什么、未来要做什么都一览无余。这种方式既能发挥群体监督功能，又能合理地组建项目团队，让绩效管理效果达到最佳
定期评估	季度和年度评估，对每个关键结果打分，分值为0～1分。季度OKR要保持一定的刚性，年度OKR可以不断修正。在谷歌，OKR得分过高不一定会受到表扬，得分过低也不一定会受到指责，相关人员会通过数据分析对下一阶段的OKR进行调整

谷歌的主流文化就是碰撞，员工为公司带来多少碰撞是主要的绩效考核指标，比员工的工作量、工作态度、努力程度等指标重要得多。在这种文化下，OKR的设计自然也要以让员工产生更多碰撞为主要目的。一般来说，OKR都是自下而上设计的，目标比较模糊，只是统一全体员工的目标与努力方向。对于员工来说，OKR的主要功能不是进行绩效考核，而是提醒他们当前要完成什么任务，这样可以充分发挥员工工作的主动性与创造性，协调自由与方向之间的关系。

5.3　目标管理考核法（MBO）

5.3.1　MBO考核法的基本程序

目标管理法（Management by Objectives，MBO）是最常见的绩效考核方法之一，受到国内外众多企业的追捧。目标管理法符合人们的价值观，与人们的处事方法相一致，在各大企业得到了推广应用。另外，目标管理法之所以能被广泛推广，还有另外一个原因，即它能很好地将个人目标和组织目标结合起来，使个人目标和组织目标趋于一致，这意味着员工每天努力完成个人目标就是在帮助企业完成组织目标。换言之，它能将个人目标与企业目标绑定，让员工努力工作不仅仅是为企业，也是为自己。

在目标管理过程中，应由企业各级主管与员工共同制定工作目标，明确各方责任和权利。目标理论的前提条件是员工有意识建立的目标可以影响其工作表现。员工在建立目标时要比没有建立目标时更容易取得较高水平的业绩。同时，建立了目标的员工往往比未建立目标的员工在工作上表现得更好。具体来说，目标管理考核法的基本程序如表5-11所示。

表5-11　目标管理考核法的基本程序

步骤	策略	具体内容
第一步	初步在最高层设置目标	企业最高管理层需要首先确定在未来时期内应抓住的企业宗旨、使命和目标。最高管理层在设置目标的同时要建立衡量目标完成程度的标准，例如在制定考核目标时，要将销售金额、利润、百分率、成本标准等衡量标准一并加入目标计划中
第二步	明确组织的作用	在努力完成目标的过程中，要注意所期望的成果与责任之间的关系。例如，在实现新产品投产这一目标中，研发、生产和销售等部门的主管要明确自身责任，并协调好本部门的工作
第三步	下属人员目标的设置	上层领导要将企业的总目标、策略和计划传达给下属主管人员，与他们一起着手开展工作并帮助他们设置具体的目标。在这里，上级领导的作用非常重要。他们需要向下属人员提出以下问题：你能为企业做什么？如何改进你的工作？如何使你的工作配合我的工作？有什么困难？什么阻碍你取得更高水平的业绩？我们能做什么改革？我能怎样帮助你？这样询问下属员工的意见，一方面能解决阻碍业绩提升的各种问题，另一方面也能从下属员工的经验和知识中得到建设性意见

续表

步骤	策略	具体内容
第四步	拟定目标的反复循环过程	拟定目标既不能从最高层开始，然后将目标分派给下属人员；也不应该从基层开始，将目标反馈到最高领导层。这两种方法都难以奏效。拟定目标应该是遵循一定程序的反复循环的过程。目标设置是一个连续的过程，这一点无可厚非，同时它也应该是一个互相作用的过程。举例来说，一位销售主管根据实际情况设置了一个产品销售目标，但这个目标超过了最高层领导所认为的可能目标。这样一来，该目标自然也会影响到制造部门和财务部门的目标

5.3.2 目标的制定要求与流程

只有明确绩效目标，才能让绩效管理有序进行。绩效目标的制定要按要求进行，而且要遵循一定的流程，具体分析如下：

◆绩效目标的制定要求

制定绩效目标是目标管理考核法的第一步，要满足五个要求，如表5-12所示。

表5-12 制定绩效目标的五个要求

要求	具体内容
目标要清楚、明确	在制定目标时，不能太笼统，既要给目标留有一定的弹性，又要清楚、明确地阐述目标，即要使目标具体化，例如“销售额比上年增长10%”“到2021年市场占有率达到15%”等。如果高层能制定具体的目标，就能使基层制定目标的过程变得更加简单
目标要可评估	设置的目标要尽量简单、明确，最好能用指标量化或易于评估。例如，设置维修流程的修理数量和返修比率、产品开发与设计流程的开发周期和可行方案、信贷部门的利润总额和利润率等为具体目标
目标要有相容性	一是个人目标要与流程目标相容，流程目标要与整个组织目标相容；二是个人之间、流程之间的目标要相互衔接。这就意味着，一个人目标的实现要有助于另一个人实现目标；一个流程目标的实现要有助于另一个流程实现目标
目标要有挑战性	具有挑战性的目标更能激发人的工作热情，因此，应鼓励员工选择富有挑战但通过努力可以实现的目标

续表

要求	具体内容
目标要有优先级	对个人或流程设置的目标在数量上应尽量少一些，如果存在多个目标，应按其重要性排出优先顺序

◆目标设定的流程与步骤

目标设定要遵循的流程如图5-6所示。

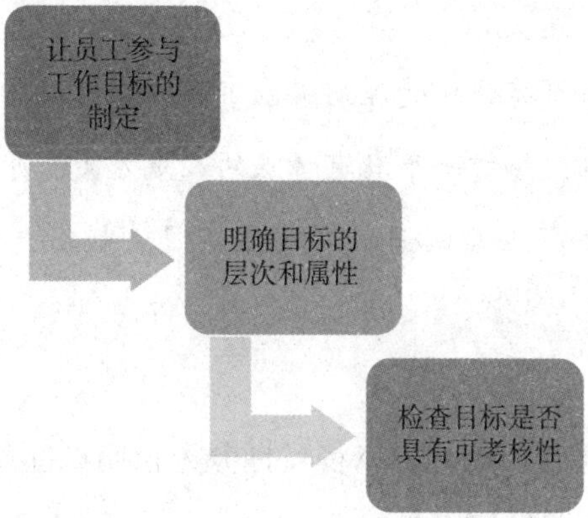

图 5-6 目标设定要遵循的流程

（1）让员工参与工作目标的制定。让员工参与目标的制定有利于目标的实现。企业应让上下级共同制定工作目标，让目标的实现者同时成为目标的制定者。例如，人力资源部经理可以与招聘负责人协商应该招聘多少人、对人员能力的要求等内容，通过相关讨论共同制定招聘目标。员工参与制定的目标，实行起来会更加方便，也更容易达成。由于目标是员工参与制定和自主执行的，所以他们即使没有完全达成工作目标，也不会推卸责任，反而更能够进行自我反省，以减少在工作中的失误。

（2）明确目标的层次和属性。人力资源部门的总目标通常是以最低的成本为企业提供最有效的人力资源。人力资源部门可以将这一总目标分解为若干个分目标，例如招聘目标、员工管理目标、考核管理目标、薪酬管理目标、培训管理目标等。

目标的属性主要包括目标的数量和质量。例如，招聘负责人的工作目标是在一个月内招聘2名具有工作经验的销售代表，这就属于一个数量目标；而人们也可以用质量目标的形式来定义一些无法量化的工作目标，例如为了使人事招聘工作更有效果，可以提出以下质量目标：

● 要求工作人员将某一管理层级以下的职位空缺全部报到人事部门。

● 要求人事部门拟订一个具有特点的人事方案，并向内部员工公开。

● 要求人事部门在规定日期之前为实习生制定一个定期考察方案，并加以执行。

根据完成时间的长短，可以将目标分为长期目标和短期目标，长期目标可以由多个短期目标组合而成。

（3）检查目标是否具有可考核性。企业在人力资源部门使用目标管理的主要目的是：使人力资源部门的工作目标化，以起到提高部门运营效率的作用。因此，企业部门制定的目标一定要具有考核性，否则就会失去制定目标的意义，更无法达到目标管理的效果。

企业在制定目标时要特别注重目标的考核性，而加强目标考核性的主要方法是尽量将目标制定为数量目标或质量目标。

另外，目标的考核性还与目标是否切实可行相关。如果制定的工作目标不可行，那么对目标的考核也就失去了意义。因此，管理者在制定工作目标时一定要让下属参与进来，这样有助于提高目标的可行性。人力资源部经理在制定目标时，也可以多考虑“这个目标为什么可以达到？”等类似的问题，这样也有助于提高目标的可行性。

5.3.3　目标考核应注意的问题

目标考核看似简单，实则需要注意很多问题，具体分析如下：

◆让员工进行自我控制

美国著名管理学大师彼得·德鲁克认为，员工是愿意承担自己的工作责任，愿意为工作发挥自己的创作力和聪明才智，愿意把工作做好的。管理者如何对员工进行控制呢？实际上，管理者应该控制的是员工的工作动机，而不是控制他们的工作。管理者不应该对员工实行压制性管理，而应督促他们实行自我控制管理，自我控制管理往往要比压制性管理更加有效。

人力资源经理应该与下属一起制定工作目标，并在制定完目标之后，尽量不去干涉员工的工作。例如，人力资源经理与招聘负责人制定完招聘目标后，应该由招聘负责人自行选择招聘渠道，自行负责招聘流程和时间安排。

◆管理者应下放权力

一些管理者之所以不愿放权给下属，是因为担心对下属的工作失去控制。实际上，如果能让下属明确自己的工作目标，让其进行自我控制管理，并给予其充分的信任，那么管理者是完全可以向下属放权的。只要管理者对下属工作目标能否实现进行有效监控，下属的工作就不会失去控制。

◆目标具有关联性

人力资源部的工作目标既应与公司的其他工作目标保持紧密联系，也要与人力资源部各分目标保持紧密联系。领导者在制定工作目标时需要充分考虑各工作之间的关联性，要具备建立“目标网”的意识。同时，在对下属进行绩效考核时也要注意各工作之间或各目标之间的联系，在员工未完成目标时，要分析失败是由主观原因所致还是由客观原因所致。

◆各目标之间注意协调

人力资源部的各目标之间应该相互协调，人力资源部的总目标应与公司其他部门的目标相互协调。例如，在招聘负责人收集到应聘资源的同时，开发部门正准备进行最后的项目验收，这时可能由于人手不足暂时搁置次要的面试工作，从而影响企业的招聘进度。另外，如果修改后的绩效考核制度无法及时与薪酬管理政策相匹配，也可能造成管理问题。因此，人力资源经理应妥善协调各方面的工作和目标，以保证工作目标按时完成。

◆检查目标的完成情况

如果下属按时完成了年度工作目标，或者超额完成了企业总目标，那么绩效考核工作就能很好地进行；如果下属未能按时完成工作目标，那么绩效考核就要更为慎重。人力资源经理应该找出下属未能完成工作目标的原因，同时注意区分目标未能完成是由客观原因造成的还是由主观原因造成的。例如，考核结果显示招聘负责人未能完成企业全年的招聘目标，通过调查发现，本年度招聘地区的人事政策发生了变化，导致大量本省本科生外流，大大增加了招聘工作的难度，由此可见，招聘负责人未能完成招聘目标存在部分客观原因，企业及管理者不能将失败完全归咎于招聘负责人。

5.3.4 MBO量化的4321法则

在人力资源管理的各项工作中，绩效管理始终占据着非常重要的位置。而在绩效管理中，职能部门目标的量化管理又是难点。很多人力资源管理者为设计一套可以量化、衡量的职能部门目标做了很多尝试。为了让职能部门的目标量化变得简单易行，可以使用4321法则对职能部门的目标进行分解。

◆4个标尺：数量、质量、成本、时间

职能部门绩效考核目标的设计必须遵循一定的标准，4321法则为其提供了四大标准，分别是数量、质量、成本和时间，每个维度都可以细分出不同的衡量指标，如表5–13所示。

表5–13　MBO量化的四个标尺

标尺	具体内容
数量标准	具体可以细分为产量、次数、频率、销售额、利润率、客户保持率等
质量标准	具体可以细分为准确性、满意度、通过率、达标率、创新性、投诉率等
成本标准	具体可以细分为成本节约率、投资回报率、折旧率、费用控制率等
时间标准	具体可以细分为期限、天数、及时性、推出新产品周期、服务时间等

定量目标可以从数量、成本两大维度进行衡量，具体如招聘人数的数量、检查次数等；定性目标可以从质量、时间两大维度进行衡量，例如通过人员投诉率、服务及时性等标准来判断客户的满意度，通过文件的通过率来判断文件质量等。

企业中的大多数工作都可以通过4个标尺进行分解和评估，但在具体应用过程中应该注意分辨需要考核的工作或业绩的重心，以便发挥出四分法的价值。

在掌握量化绩效的方法后，企业就可以设立企业目标和任务，并向员工明确绩效考核的方式，以实现企业愿景。将需要考核的绩效进行量化在企业的实际运营中具有十分重要的价值，因此应该尽可能地量化绩效。但需要注意的是，量化绩效并非唯一的方法，在实际应用中应该注意就具体问题匹配合适的方法。只要是适应企业运营、能够提高员工积极性的绩效考核方法，就应该肯定其价值。

◆3个原则：量化、细化、流程化

在绩效考核中，职能部门目标的设计要遵循三大原则，一是能量化的尽量量化，二是不能量化的尽量细化，三是不能细化的尽量流程化。如表5-14所示。

表5-14　职能部门目标设计的三大原则

原则	具体内容
能量化的尽量量化	绩效管理人员要对职能部门的各项工作进行分类，找到可以量化的工作制定量化标准，例如：培训工作，可以用培训时间、培训次数进行量化；制度工作，可以用违反制度的次数进行量化；等等。除此之外，还有一些比较难量化的工作，例如提高质量、促进生产等，这些工作比较笼统，无法直接衡量，可以通过目标转化的方式进行量化，例如用成本、数量、质量、时间等要素对其进行具体描述，让模糊的目标变得更加清晰
不能量化的尽量细化	办公室文员、行政人员、内勤等岗位员工的工作比较烦琐，很难进行量化考核。即便能够制定可衡量的标准，标准也不一定客观、全面。对于这些岗位，绩效管理人员可以将职能部门的目标细化，首先全面了解该岗位的工作，明确该岗位的关键职责，然后使用合适的指标对岗位工作进行细化，通过细化的指标对岗位工作进行全面衡量
不能细化的尽量流程化	有些岗位的工作比较单一，例如打字员、会计、监察员、培训专员等，无论量化还是细化都无法对这类工作的价值做出准确衡量。对于这类工作，绩效管理人员可以使用流程化的方法进行分类，从中找到可以量化考核的指标。以打字员为例，其工作可以划分为接稿—打字—排版—交稿等流程，每个流程都可以从不同的维度进行衡量，还可以将评价标准划分为不同的等级。在绩效考核的过程中，绩效管理人员只需要按照相应的标准打分即可

◆2个答案：结果和行动

绩效考核必然会有结果，而结果要唤起行动。这里的结果指的是实现这样的目标最终会产生怎样的结果，行动指的是得到这样的结果要采取怎样的行动。

在企业的各类部门中，职能部门的员工承担的工作比较复杂，是企业管理的重点，管理人员经常提出务实创新、加强管理等要求。面对这些含混不清的管理目标，绩效管理人员往往不知道该从何处下手。对于这类指标，直接进行量化管理比较困难，如果进行结果分析或者行动分析就能获得比较明确的结果。当然，在具体分析的过程中，可以选择只分析结果或者只分析行为，或者结果与行为一起分析，关键取决于绩效管理的目标是注重结果还是看重行为。

例如，加强管理，可以对行动进行分析，明确职能部门的员工需要做什么。一般来说，为了加强管理，职能部门的员工可以采取的行动有很多。如加强沟通，可以确定上下级沟通的次数；加强培训，可以确定员工参与培训的次数；推动企业管理升级，可以判断企业是否引进了全新的人力资源管理绩效考核体系；等等。这样一来，加强管理就可以细分出很多绩效考核指标，企业可以根据实际情况进行合理安排。

在企业管理中，提高员工对企业文化的认同度是一项重要内容，这项内容无法直接进行考核，绩效管理人员可以通过分析结果与行动来解决这一问题。首先，分析结果，明确这项指标考核要产生怎样的结果。如果员工对企业文化的认同度比较高，就会长期在企业工作，不会轻易跳槽，而且工作的积极性、工作效率都会比较高。基于这一点，可以将员工流失率、人均劳动效率等作为考核指标。相较于员工对企业文化的认同度，这两项指标考核起来要简单很多。其次，分析行动。为了提高员工对企业文化的认同度，绩效管理人员要采取什么行动，开展哪些工作？通过分析可以发现，绩效管理人员可以采取的行动有很多，包括组织员工进行培训、发行企业内刊、宣传企业文化等，因此可以将企业文化培训时间、企业内刊质量、企业内刊发行的及时性等作为绩效考核指标。

◆ 1 个原则：SMART 原则

SMART原则是绩效考核目标设置的根本原则，如表5-15所示。绩效管理人员在完成绩效考核目标设置之后，可以参照SMART原则进行检查，来判断目标设置是否合理。

表5-15　SMART原则的具体内容

SMART原则	具体内容
S（Specific，明确）	绩效考核目标的设置必须明确，不能模糊不清，要让看到该目标的人产生统一认知、得出统一结论。判断绩效考核目标设置是否明确，可以通过5W2H进行检查，具体指的是What（做什么）、Why（为什么）、When（完成时间）、Who（由谁负责）、Where（在哪里）、How（如何做）、How Much（做多少）。当然，绩效考核目标不用满足5W2H的所有条件，但至少要满足其中的一条
M（Measurable，可衡量）	绩效考核指标要尽量量化，即便不能量化也要通过转变变得可衡量。目标转化可以采用上面所讲的四个标尺、三个原则、两个答案来实现。目标确定之后要进行全面检查
A（Achievable，可达到）	绩效考核指标不能设置得过高或者过低，要保证员工通过努力可以达到。如果绩效考核目标设置得过高，很容易让员工产生挫败感，失去工作的积极性；如果目标设置得过低，又很难让员工获得成就感。因此，绩效管理人员在设置绩效管理目标时要对员工自身的能力、内外部资源、市场情况等进行综合考虑，不能盲目设置
R（Relevant，有关联）	绩效考核目标之间必须存在一定的关联，彼此互不冲突，这就要求公司目标、部门目标、个人目标相互关联，横向部门之间的目标相互关联。例如，如果鼓励创新，就不能将创新失误次数作为考核指标，以免影响员工创新的积极性。为了保证绩效考核目标之间的关联性，绩效管理人员最好采取自上而下、由外而内、由大而小的方法设计职能部门的绩效考核目标，让目标设计符合企业的总目标，从而更好地为业务部门服务
T（Time Bound，有时限）	绩效考核指标要规定任务完成期限，让被考核人员产生紧迫感。例如在2个小时内解决设备故障、在3个月内制定企业绩效考核制度等

绩效管理人员使用4321法则设计职能部门的绩效考核目标，让目标变得可衡量、可量化，从而使长久以来困扰企业职能部门绩效考核的问题得以解决，将绩效管理打造成企业人力资源管理的利器，以切实提高各部门的工作效率，提高企业的竞争力。

5.3.5 MBO在销售部门的应用

MBO考核法可以将考核与企业的战略规划、培训项目联系起来，根据工作目标的完成情况评价员工的业绩。这种考核方法摆脱了人为因素的限制，可以使绩效考核定量化，减少评价的主观性。这种考核方法既适用于一线部门的绩效考核，也适用于二线部门的绩效考核。

下面我们以某耐用消费品生产企业营销与售后服务部门的考核为例，对MBO考核法的实施步骤进行具体分析，如图5–7所示。

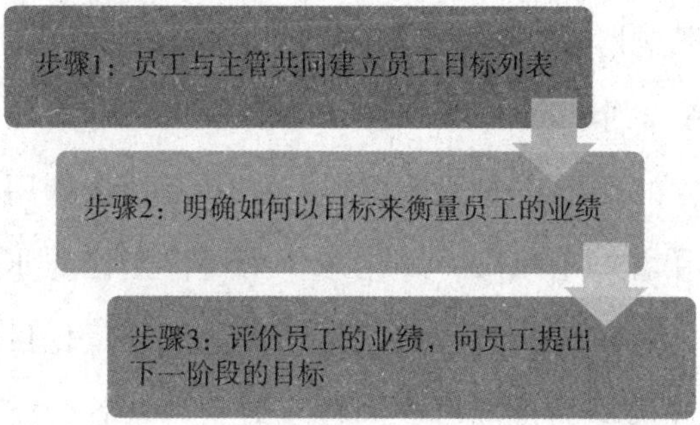

图 5–7　MBO 考核法在销售部门的实施步骤

◆步骤1：员工与主管共同建立员工目标列表

MBO考核法考核的目标首先是具有可操作性的具体的目标，不包括那些超出员工能力范围的事件。例如，企业制定的新战略是与大型工业公司保持长期接触，而销售经理在向销售人员解释这一战略时却设定了以下几个新目标：

（1）每个星期需要有五个销售人员以电话方式与大型工业公司保持沟通。

（2）每个月至少与一个新的大型工业公司建立长期接触关系。

（3）每个星期找到十个大型工业公司的顾客线索。

这些新目标可能与其他目标发生冲突，例如，每个星期与小工业公司保持联系的销售人员可能没有时间与大型公司保持沟通。因此，销售经理必须与销售人员协商建立一个具体的、可操作的目标列表。在必要时，也可以为监管者建立辅助目标，例如开发工业公司的数据库、就如何与客户建立长期接触关系开展培训等。

◆步骤2：明确如何以目标来衡量员工的业绩

一般来说，这需要考核人员保证收集到足够的数据，然后建立相关的检查和平衡机制。例如，销售人员必须向考核人员汇报所打的推销电话的数目，并根据相关分类分解这一数目，例如，需要对每个推销电话进行具体的注释、创建表格和归档。

那么非量化的目标该如何评价呢？MBO考核法利用非量化的目标进行评价时存在着一个风险，即用来作为评价指标的非量化目标是经过人为选择的，考核者会选择那些易于衡量的非量化目标作为评价标准，但其他未被选择的目标可能同样有效。考核者会充分考虑评价这些目标的主要方法，并设定评价尺度，将定性目标转化为硬性数字用于最终评价。

◆步骤3：评价员工的业绩，向员工提出下一阶段的目标

在评价员工业绩时，需要将员工的成绩与目标放在一起进行比较，然后以百分比的方式计算两者的差异，实现目标可用100%表示，超出目标可用大于100%表示，未达成目标可用小于100%表示。考核人员需要将员工的业绩差异与奖励相联系。MBO考核法并不限于年头岁尾使用，企业可以根据自身业务的实际情况，定期使用该方法对员工进行绩效考核，将员工的注意力更多地集中到组织目标上，促使员工改变行为，优化销售策略。

5.3.6 MBO在HR部门的应用

以MBO绩效考核法在人力资源部门的应用为例，对MBO绩效考核法在人事环节的操作步骤进行具体分析，如图5-8所示。

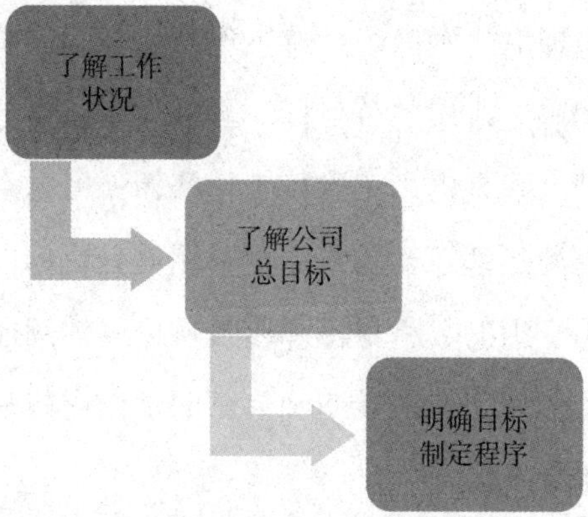

图 5-8 MBO 绩效考核法在人力资源部门的应用

◆步骤1：了解工作状况

人力资源部门主要负责企业员工的招聘、考核、薪酬、培训等工作。随着企业对人力资源工作越来越重视，人力资源部门的责任也就变得越来越大。对于企业来说，人力资源工作与技术工作、营销工作具有同等重要的地位，但是人力资源工作在时效性上却远不及技术工作和营销工作。

人力资源部门对时效性具有要求的工作仅仅是少量的日常事务性工作和突发性工作，除此之外，大部分工作对时效性要求都不强，这也是人力资源部门工作拖沓和没有效率的主要原因。

◆步骤2：了解公司总目标

人力资源部门经理应该首先充分了解和领悟公司的总目标、总战略，然后再制定部门目标。与此同时，部门经理还要与总经理探讨人力资源部门应该发挥的作用以及如何才能更好地帮助公司实现总目标。经过讨论，人力资源部门经理就能明确本部门的定位和作用，并制定出相应的工作目标。

◆步骤3：明确目标制定程序

人力资源部经理应将本部门的总工作目标告知下属工作人员，并与他们通过探讨共同确定基层的分目标。经理和下属将分目标落实到具体人员的方式有两种：一是由员工进行工作认领；二是由经理进行工作分配。之后，人力资源经理还要与每一位下属就分目标进行讨论，并将分目标具体化，即用详细的数字目标和质量目标具体阐述工作目标。工作目标具体化就是让下属工作人员明确自己的工作内容和职责，为日后的绩效考核提供明确的标准。

5.4 360° 绩效考核法

5.4.1 360° 绩效考核主要内容

360° 绩效考核，也称360° 反馈或全方位考核法，指的是围绕被考核对象的各个视角（如上下级、同事、客户、自己）进行多维度（如工作能力、领导能力、人际关系、沟通技巧等）考核的方法。由于这种绩效考核方式能够得到几乎全方位的信息，所以得出的结果比较全面、客观，而且有助于被考核者了解自己的不足和发展需求，更好地进行个人职业规划。

◆360° 绩效考核的主要内容

360° 绩效考核主要包括四大内容，如表5-16所示。

◆360° 绩效考核优缺点

360° 绩效考核有优点，也有缺点，如表5-17所示。

表5-16 360° 绩效考核的主要内容

考核维度	具体内容
自己：自我评价	被考核者对自己在工作期间的表现以及任务完成情况进行评价。自我评价有助于员工加强自我认识，发现自己的不足之处
同事：由接触较多的同事进行评价	企业中的工作经常是部门或小组合作完成，因此在开展绩效考核时从同事的角度进行评价，往往能够获得比较准确的反馈。而且同事评价也可以体现被考核者的人际沟通等能力
下属：从下属成员的角度进行评价	随着企业之间的人才竞争越来越激烈，让下属成员参与管理者绩效评价得到了比较广泛的应用。通过下属评价，被考核者对自己的管理能力会有更加清晰的认知，进而促进自身的管理能力和业务能力得到整体提升
上级：从上级管理者的角度进行评价	由于上级主管等对部门成员的工作水平、任务完成情况等有比较清楚的了解，其评价往往也比较客观。另外，由于企业中经常存在跨部门合作，多主管参与的矩阵式绩效评估也可以应用于绩效评估系统中

表5-17 360° 绩效考核的优缺点

	具体表现
优点	传统的上级对下级的单线考核具有一定的片面性，容易受到个人偏见等因素的影响。360°绩效考核打破了这种局面，能够从不同角度对被考核对象进行评价，所获得的评价也更加真实有效。另外，从某种程度上看，360°绩效考核让员工参与了企业管理，能够提高员工的工作积极性和满意度
缺点	• 考核成本相对较高。由于需要从多个角度进行考核，360° 绩效反馈往往需要耗费较长的时间和较高的人力成本，在某些情况下，考核所使用的成本甚至可能超过其能够带来的价值 • 参与成员“公报私仇”。由于360° 绩效反馈的匿名性，评估团队在进行评估时可能会借机发泄心中的不满，做出不客观的评估 • 相关培训难度较大。由于360° 绩效反馈需要进行专门的培训，因此企业在培训方面的任务重、成本高

5.4.2 360° 绩效考核实施流程

360° 绩效考核的具体操作过程可以分为三个阶段。

◆准备阶段

360° 绩效考核的准备阶段需要与参与评估的所有人员（评估者与受评者）进行基本的沟通，确保其对评估目的和作用有正确的理解，对评估方法有充分的信任。因此，准备阶段对整个绩效考核来说非常重要。

◆评估阶段

具体的评估阶段可以分为四个环节，如表5-18所示。

表5-18　360°绩效考核评估阶段的四个环节

环节	具体事项
组建360°绩效考核的评估团队	所选择的团队成员对被考核人应该有一定的了解，而且其立场应该尽可能客观、公正。另外，评估需要征得被考核人的同意，确保其接受评估结果
进行360°绩效考核技术培训	为了保证评估的有效性和可靠性，企业在应用360°绩效考核时应该对评估团队进行相关的技术培训。如果条件允许，应该根据企业的具体情况制定能力模型以及360°反馈问卷
实施360°绩效考核	从不同维度对被考核者进行评价。在条件允许的情况下，评估最好采取匿名的形式，保证评估结果报告的秘密性。因为在匿名评估的情况下，评估团队更容易提供真实的反馈
统计360°绩效考核的评估结果	进行评估结果的统计时，应该注意确保报告结果的科学性，衡量每一项评估的参与人数以及结果等是否符合要求。另外，在提供报告时应该注意评估团队的匿名性

◆反馈和辅导阶段

向被考核者提供360°绩效考核的评估结果，能够帮助其更全面地了解自己在工作中的表现，明白需要改进的方面。在反馈后的辅导阶段，企业可以邀请相关专家或顾问，引导被考核者更科学地解读评估结果。

5.4.3　360°绩效考核实战技巧

360°绩效考核法最早由Intel公司提出并实施，其特点是评价维度比较多，适合对公司中高层管理者进行绩效考核。作为企业推进战略变革的主要工具，360°绩效考核法具有以下五个作用：第一，有助于组织战略目标的实现；第二，有助于组织文化的转变；第三，有助于员工个人的发展；第四，有助于提高团队工作效率；第五，有助于开展员工培训，选拔优秀人才。具体来看，360° 绩效考核法的实施要掌握以下技巧：

◆充分做好考评前的预备工作

（1）使用360° 绩效考核法进行绩效考核要注意企业文化的适应性，选择最佳的考核时机。如果公司士气不振，或者业绩下滑，就不适合采用360° 绩效考核法。

（2）在使用360° 绩效考核法之前要获得高层管理者的重视与支持。360° 绩效考核法的应用成本较高，耗费时间较长，而且会在一定程度上分散高层管理者的考评权，将原本独属于管理者的考评权分给各类人员。因此，为了保证360° 绩效考核法能够顺利实施，必须获得高层管理者的支持。

（3）选择专业人员组织考评工作。360° 绩效考核法的实施流程比较复杂，对考评人员的要求较高，需要专业人员组织实施。因此，企业可以自主培养能够实施360° 绩效考核法的管理人员，或者外聘机构或人员组织实施。

（4）确定考评目标。360° 绩效考核法要明确绩效考核目标。考核目标不同，考核内容与考核方式也应有所不同，这些都会对考评结果造成直接影响。确定考评目标首先要明确开展考评活动是为了推动员工实现更好的发展，还是对员工过去的绩效进行考核；其次要将考核结果与晋升、奖金等联系在一起，在考评动员等环节公布并进行宣传。

◆大力加强考评者相关工作

（1）制定考评者确定原则。考评者的选择要根据实际情况灵活确定，根据360° 绩效考核法的要求，结合组织结构、工作性质等确定考评者选拔原则，明确哪些人是必须参加的，哪些人是可以选择参加与否的。

（2）加强对考评者的培训和指导，强化考评者的责任意识。选定考评者之后，要对他们进行培训，培训内容主要包括沟通技巧、考评实施技巧、评价结果的总结方法、评价结果的反馈方法等。高层管理者要与考评者积极沟通，要求考评者主动承担责任，保证考评意见的真实性、可靠性。

◆考评实施过程中的有效措施

（1）尽量减少主观性题目，确保评分的匿名性。匿名评价可以消除评价者的顾虑，保证评价结果的真实性、客观性。为了做到这一点，评分问卷应尽量减少主观性题目，增加客观题目的比例，以免通过主观题答题字迹暴露考评者的身份。

（2）为避免评分表造假，要在评分表上面加盖公章。如果企业选定的考评者比较多，发放的评分表不能悉数收回，就可能出现弄虚作假的情况。加盖公章，为评分表添加防伪标记，可以防止这类情况发生。

（3）关注非组织团体，防止合谋等违规行为发生。如果考评者私下达成某种协议，相互串通，会在很大程度上导致考评结果失准。因此，在选择考评者时要对企业非组织团体的情况进行深入调查，防止合谋、串通等违规行为发生。

◆正确处理考评信息

（1）掌握纠偏技巧，确保考评信息的真实性。个人偏好、先入为主、以偏概全、晕轮效应等都很容易导致绩效考核结果失准。因此，在使用360°绩效考核法进行考核时必须准确识别这些现象，有效纠偏，保证考评信息的真实性。

（2）使用客观的统计程序和科学的统计方法。360°绩效考核法要采用可量化的标准，制定合理的考评表格，细化考评标准，简化打分流程与方法。为了保证考核结果的公平性、公正性，在处理考核结果时要进行权重分析。如果评分结果差异较大，要进行深入分析。

（3）正确处理恶意或不负责任的评分。使用360°绩效考核法进行绩效考核时可能出现故意打低分的情况，例如实行百分制打0分或者5分，这种情况会对最终评分结果造成直接影响。对于这些评分表，最好直接作废。为了减轻恶意打低分对最终评分结果的不良影响，可以将百分制改为十分制或者等级制。另外，还有的考评者会给出相同的评分，这种情况虽然不会对考评结果造成恶劣影响，但无法将考评作用充分发挥出来，会在一定程度上造成资源浪费。对于这类评分者，最好的处理方式就是教育培训或者直接弃用。

◆做好保密和信息反馈工作

（1）对考评者的评分情况和个别意见保密。对考评情况进行保密可以增强员工对企业的信任，为企业继续使用360° 绩效考评法进行绩效考评奠定基础。对于有主观性题目的考评表，除了考评者之外应禁止其他人翻阅，包括领导在内。统计结束后，要将这些考评表密封存档，防止其他人随意翻阅。想要做到这一点，一方面要求所有考评者具备良好的素质；另一方面要求企业完善制度，对泄密者进行严肃处理。

（2）及时向被考评者反馈信息，制订改善绩效或促进员工职业生涯发展的行动计划。考评结束后，应该由专业考评人员或者被考评者的直接领导将考评结果告知被考评者，针对发现的问题提出改进意见，为他们的职业发展提供科学指导。

5.4.4 360° 绩效反馈注意事项

考核结束之后，主管要将考核结果反馈给被考核人员，将绩效考核的作用充分发挥出来。具体来看，360° 绩效反馈法在应用过程中要注意以下事项：

（1）360° 绩效反馈法的价值。360° 绩效反馈最主要的价值在于对企业人才能力的开发。由于能够比较全面地对员工进行反馈和评估，所以被考核对象能够根据评估结果对自己的能力和不足产生比较全面、准确的了解，进而根据评估结果制订个体的成长计划。

（2）高层领导的支持。360° 绩效反馈涉及的企业人员较多，甚至可能需要企业外部人员参与，因此采用360° 绩效反馈法需要得到企业高层领导的支持，以便评估活动可以顺利开展。如果在没有得到高层领导支持的情况下贸然使用360° 绩效反馈法，容易激化矛盾甚至产生冲突。

（3）企业的稳定性。企业的稳定性对360° 绩效反馈的应用具有较大影响。由于360° 绩效反馈的特征，当企业不够稳定时，使用这种方式对企业成员进行评估，容易给员工的工作积极性造成不良影响。尤其当企业面临重组、裁员或者合并时，360° 绩效反馈的应用不仅难以体现其应有的价值，甚至可能给企业带来比较大的风险。

（4）建立信任。在应用360° 绩效反馈法时，应该就考核的具体过程和涉及的细节与参与成员进行沟通，获得参与成员的信任。而且，在企业成员刚刚接触360° 绩效反馈时，不应该急于将其作为考核工具，可以先进行初步的日常使用训练。

（5）建立长期的人员能力发展计划。企业使用360° 绩效反馈对管理层进行考核时，应该先建立企业的领导力模型，以便进行有针对性的评估。360° 绩效反馈的本质是一种评估方法，只有编制相应的领导能力模型问卷才能保证评估的有效性。对于企业而言，建立人员能力发展计划应该是一个长期的过程，需要在企业运营的过程中不断完善。

6 绩效管理与薪酬激励

6.1 绩效考核与激励机制

6.1.1 绩效考核激励的主要作用

对于企业来说，绩效考核可以起到一定的激励作用。为了在绩效考核的过程中取得较好的成绩，获得更多物质奖励，员工会提高工作的积极性，主动完成任务，进一步提升公司业绩，让公司发展达到预期目标。

◆绩效考核的激励作用

绩效考核的激励作用主要表现在三个方面，如图6-1所示。

（1）调动员工工作积极性。企业发展离不开员工工作的积极性，绩效考核可以让员工端正思想，认识到自己在公司的地位，明白自身利益与公司利益紧密相关，明确自己的职责，从而激发工作的积极性。当然，只有精神层面的激励还不够，还要给予足够的物质奖励，对员工的薪酬结构进行调整，多劳多得，以此激发员工工作的积极性。

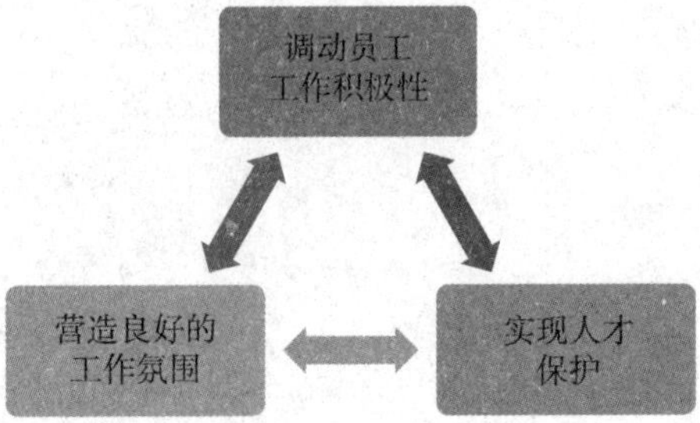

图 6–1 绩效考核的三大激励作用

（2）实现人才保护。科学合理的绩效考核还可以实现人才保护。在绩效激励措施中，除了物质激励外，还有教育培训、职位晋升等福利激励。这些措施可以让员工明确自己的发展空间，合理规划自己的发展路径。因此，企业的绩效激励方案应该多元化，应该在物质激励之外添加更多有利于未来成长的福利，增强员工对公司的归属感，降低优秀员工的流失率。

（3）营造良好的工作氛围。绩效考核还可以营造良好的工作氛围。一个良好的绩效考核制度要让所有管理者与员工参与进来，让他们之间保持良好的沟通。无论管理者还是员工，只要对绩效考核制度有异议，都可以提出质疑与修改意见。企业要根据收到的意见对绩效考核制度进行完善，尽量得到大多数人的认可，从而营造一个良好的工作氛围。

◆绩效考核激励作用的实现

明确了绩效考核的激励作用之后，接下来就是建立一套科学的绩效考核与激励机制，将绩效考核的激励作用落到实处。要使绩效考核对员工产生激励作用，必须做到以员工为主体，让员工产生归属感，积极与员工沟通，了解员工在工作中遇到的问题，帮助员工解决问题。同时，要赋予员工一定的权力，让员工参与到企业发展的决策中来，增强员工的存在感，让员工认识到自己的价值并获得认可。

为了充分发挥绩效考核的激励作用，要将精神奖励与物质奖励结合在一起。从员工的角度看，他们在公司工作就是为了获得一定的利益，因此一定的物质奖励可以对员工起到有效的激励作用。但员工在不同时期、不同工作环境下对物质奖励的需求不同，企业要充分了解员工的需求，有针对性地制定奖励政策，以达到最好的激励效果。

要使绩效考核对员工产生激励作用，必须有一个良好的激励机制为其保驾护航，这项机制的运行环境必须公平、公正、公开。如果绩效考核的环境不公平，很容易引起员工的抵触情绪，产生截然相反的效果。因此，企业要以积极的心态听取员工意见，不断地对绩效考核制度进行完善，为绩效考核创建一个良好的环境。

6.1.2　有效激励员工的主要手段

员工激励与绩效考核要讲究一定的方法，不要盲目进行，以免达不到预期效果。激励员工的方式方法有很多，如物质激励、精神激励、机会激励等，如何让这些激励方法达到平衡，让激励效果最大化，需要绩效考核人员认真思考、精心设计。

◆有效激励的前提

（1）制定有效的绩效考核制度。对员工进行考核不是绩效管理的最终目标，对员工行为进行引导，提高员工工作的积极性与工作效率，让员工朝着有利于实现公司目标的方向努力才是。因此，企业要设计一套科学的绩效考核系统，体现员工的工作能力与工作实效，引导员工不断创造佳绩。在这种情况下，绩效考核不仅要对员工的工作绩效进行评估，而且要达到更进一步的目的，即让员工获得成就感。

在绩效考核过程中，要让员工获得参与感，让员工认识到自己在过去一段时间的努力推动了公司发展目标的实现。同时，在绩效考核的过程中，考核人员要主动了解员工的发展意识，增强员工的归属感。因此，绩效考核不仅具有广泛的激励作用，还对人才选拔具有一定的指导意义。

（2）完善薪酬体系。企业薪酬体系设计要遵循两个原则，一是外部竞争性原则，二是内部公正性原则。如表6-1所示。

表6-1　企业薪酬体系设计需要遵循的两大原则

原则	具体内容
外部竞争性	外部竞争性强调的是相较于外部竞争者的薪酬体系与水平来说，企业薪酬要具有一定的竞争力
内部公正性	内部公正性指的是薪酬结构设计要合理，要支持企业各项工作的开展，对所有员工公正，鼓励员工做出与企业发展目标一致的行为。企业薪酬体系设计要在保证外部竞争性的前提下，做到内部公正。因为调查数据显示，超过80%的员工会通过薪酬对比来判断薪酬的公正性，包括将自己的薪酬与公司内其他员工的薪酬进行对比，将自己的薪酬与外部同类员工的薪酬进行对比等。如果员工认为自己的薪酬水平偏低，受到了不公正待遇，就会严重降低其工作的积极性，甚至会做出不利于公司发展的行为。为了避免这种情况发生，企业最好设计一套科学合理的薪酬体系

◆员工激励的有效方式

企业要想做好员工激励，必须先了解员工的需求和动机。一般来讲，人的需求可以分为三大类，如表6-2所示。

表6-2　人的需求的三大类型

需求类型	具体内容
生活需求	包括物质需求与精神需求
工作需求	包括学习需求和创造需求
休息需求	包括娱乐需求和消遣需求

员工在不同时期、不同发展阶段对这三大类需求的需求强度各有不同。管理者要对这些需求进行细分，找到合适的切入点对员工进行激励。

员工激励必须具有一定的针对性，否则会产生相反的效果。为此，企业可以制定弹性激励机制，根据企业的实际情况制定分类激励措施，针对员工最强烈的需求进行激励，解决激励不足问题。

所谓分类激励就是以公平为基本原则，以企业生产特点和员工的知识结构、年龄层次、职位等为依据，在不违背企业总体激励机制的前提下建立具有侧重点的激励制度。具体来说就是，员工在不同的发展阶段会产生不同的需求，即便员工处在相同的发展阶段，受家庭环境、教育背景、生活经历等因素的影响，也会产生不同的需求，为了对这些员工产生普遍的激励作用，企业必须制定多元化的激励策略交替使用。

根据激励层次的不同，企业可以使用的激励手段有三种，分别是物质激励、荣誉激励和个人价值激励，如表6–3所示。

表6–3　企业使用的三种主要的激励方式

激励方式	主要手段
物质激励	物质激励比较直接，就是直接为绩效考核成绩优秀的员工发放奖金、福利等
荣誉激励	荣誉激励包括各种精神奖励，例如冠以某个头衔、授予什么称号等
个人价值激励	个人价值激励的层次最高，是针对员工内心深处最崇高的信仰或追求进行激励

从横向上看，虽然员工需求具有多样性，在不同的时期需求重点有所不同，但作为社会人，员工需求具有综合性。因此，企业要遵循公平原则，设计物质激励、荣誉激励、个人价值激励三位一体的激励机制，与绩效考核制度相匹配。

企业在用“工资+奖金”的方式对员工进行短期激励的同时，也要制定长期的激励措施，将员工利益与企业的经营业绩联系在一起。长期激励可以采用的方式有股票期权、职工持股和参股计划等，也可以使用成就激励、机会激励等，如表6–4所示。

表6-4 两种长期激励方式

激励方式	主要手段
成就激励	一些企业采取多元化的竞争方式，让员工被动地感受到成就；一些企业则采用主动方式，赋予员工一定的自主权，让员工主动创造成就。这两种方式没有好坏之分，企业根据自身的实际情况与员工的结构特点自行选择即可
机会激励	一方面，企业可以为优秀员工提供培训与职务晋升机会，帮助员工规划职业发展路径，鼓励优秀员工脱颖而出，激励员工实现个人发展与成长，为企业发展做出更大贡献；另一方面，企业可以赋予员工一定的权力，让员工参与企业经营与管理，增强员工的主人翁意识，让其主动为企业发展建言献策，减少不必要的内耗与支出，为企业发展贡献力量

6.1.3 绩效考核与激励机制结合

为了让绩效考核发挥出应有的作用，必须设计一套与之相匹配的激励机制，将物质激励与精神激励相结合，使二者共同发挥作用。

◆绩效考核的流程

企业的绩效管理要遵循三个步骤，一是绩效管理目标设定，二是考核执行，三是结果应用。如表6-5所示。

表6-5 企业绩效管理的流程

步骤	措施	主要内容
1	目标设定	绩效管理目标的设定要遵循三大原则：第一，结果导向，即要侧重结果性指标，弱化过程性指标所占权重。但如果绩效考核重在过程，这一原则可以忽略。第二，突出重点，即关键绩效考核指标不能超出5个。第三，量化管理，即所设定的绩效考核指标尽量做到可以客观取值，通过计算得出结果
2	考核执行	在设定了绩效管理目标之后，接下来就是设计绩效考核方案，将绩效考核方案应用到员工考核管理中去。在这个过程中，要做到两点：第一，关注考核者的执行成本，将考核者在员工考核方面花费的时间与精力控制在合理的范围内；第二，避免“一刀切”模式，根据不同岗位的工作特点有针对性地设计绩效考核周期与考核方式

续表

步骤	措施	主要内容
3	结果应用	考核结束之后，要将考核结果应用到员工管理方面，这个过程要做到以下三点：第一，有告知，即无论考核结果如何，考核人员都要将考核结果告知被考核人；第二，有兑现，即要将提前设置的激励政策落到实处，为考核成绩优异者发放现金奖励，提供培训、岗位晋升的机会等；第三，有预期，即要让员工认识到，除了有机会获得物质奖励外，还可能获得晋升机会，得到更好的发展

◆绩效考核激励的两大手段

绩效考核的激励方式有很多，从总体上可以分为两种，一种是薪酬激励，另一种是非薪酬激励。如表6-6所示。

表6-6 绩效考核激励的两大手段

激励手段	主要措施
薪酬激励	薪酬激励可以分级设置奖金，绩效目标的实现难度越大，奖金就越多，从而对员工产生强有力的激励作用 薪酬待遇上下浮动，根据员工当年的绩效考核结果设置下一年的薪酬待遇，绩效考核优异者薪酬水平上调，表现欠佳者薪酬水平下调
非薪酬激励	对员工的付出表示认可，以口头或者书面的形式给予赞赏。对于新员工来说，这种方式可以产生有效的激励作用 根据员工的个性特征，扩大员工的职责范围 提升员工的职位，为员工提供更广阔的职业发展空间 为员工提供更多培训机会，提高其职业技能

为了让激励效果达到最佳，最好将薪酬激励与非薪酬激励相结合，合理安排各部分所占权重。

6.1.4 绩效考核的激励机制设计

从本质上看，绩效考核激励机制就是要求管理者秉持人性理念，通过理性化的制度对员工的行为进行规范，激发员工工作的积极性，让绩效管理在制度化与人性化之间达到平衡，从而实现有序管理，提高绩效管理的效率。那么，绩效考核激励机制应该如何设计呢？

◆考核由对部门的考核和对人员的考核组成

在绩效考核中，组织绩效考核远比个人绩效考核重要得多，因为个人绩效考核就是为组织绩效的提升服务的。为了增强员工的团队意识，应该将个人绩效与组织绩效绑定，绩效考核由部门绩效考核与个人绩效考核两部分组成，同时根据部门绩效考核结果对个人绩效考核结果进行修正。

◆多角度考核

为了保证个人绩效考核结果客观、公正、真实、准确，最好选择被考核者的直接上级担任绩效考核官。因为被考核者的直接上级对被考核者的日常表现、工作成果等最了解，可以做出相对准确的评价。但由直接上级进行绩效考核有一个问题，就是评价结果可能因为直接上级的主观因素出现偏差。为了避免这一问题发生，企业可以采用多角度考核的方式，让被考核者的直接上级担任主考核官，其他岗位人员从旁协助，以弱化直接上级主观因素对考核结果的影响。

多角度考核可以设置考核主表与副表，主表由被考核者的直接上级填写，副表由从旁协助的其他岗位人员填写。主表只有一份，副表可以设置多份，主表和副表可以设置不同的考核指标，或者设置不同的指标权重，从而体现各考核表的重要程度。

◆考核周期的设定

绩效考核主要是对过去一段时间员工的工作表现进行考核，为了保证绩效考核结果公正、准确，必须设置一个合理的绩效考核周期。一般来说，绩效考核有以年为周期、以季度为周期和以月为周期三种，企业可以根据自己的实际情况自由选择。需要注意的是，绩效考核周期不能过长，以免评价结果出现“近期误差”，而且无法达到指导员工工作、改善员工绩效的目的。

总而言之，企业的绩效考核与激励机制应该是相互作用、相互促进的关系，绩效考核的执行结果应当体现激励机制的执行程度。企业要想实现可持续发展，必须激发员工工作的积极性。在这方面，激励与考核非常重要。只有建立一套科学的绩效考核制度，才能充分发挥人的主观能动性，推动企业实现更好的发展。

6.2 绩效薪酬激励的设计

6.2.1 绩效薪酬管理的主要作用

对于企业的人力资源管理来说，薪酬管理是一项核心内容，绩效薪酬与企业的经济效益和员工的个人利益息息相关，薪酬管理是否得当会对企业管理与运行造成直接影响。

从本质上看，绩效薪酬制度是一种非强制性的合约，建立在公司整体业绩的基础上。通过这种合约，公司与员工达成协议，将员工薪酬与公司业绩绑定在一起，根据员工业绩支付薪酬，员工的业绩越高所获薪酬就越高，通过这种方法提升员工绩效。

◆薪酬管理制度在现代企业中的作用

对于企业来说，薪酬设计是一个难题。因为合理的薪酬制度可以提高员工的满意度，激发员工工作的积极性，对企业发展产生积极的促进作用；相反，如果薪酬制度存在缺陷，就会在一定程度上降低员工工作的积极性，对企业绩效的改善产生一定的抑制作用。

在企业管理可用的各种激励方式中，薪酬激励往往最直接有效。薪酬激励作用的发挥过程其实是满足员工需求的过程。一般来说，员工需求可以分为三大类，分别是薪酬需求、情感需求和职业发展需求。对于大多数普通员工来说，薪酬需求处于首位。

从目前的情况看，企业衡量员工贡献，为员工分配合理的薪酬，最有效的手段就是薪酬管理制度，足见该制度对企业的重要性。具体来看，薪酬管理制度的重要性主要表现在几个方面，如图6–2所示。

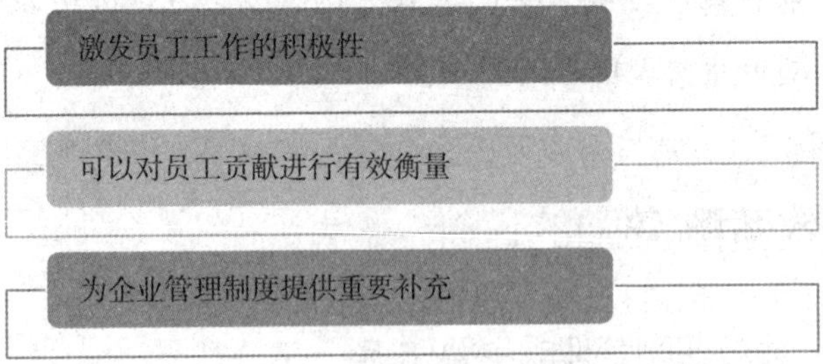

图 6–2　薪酬管理制度的重要性

（1）激发员工工作的积极性。对于员工来说，薪酬就是一份收入，可以满足其基本生活需求，包括衣食住行、生活娱乐、技能提升等，为其提供基本的生活保障。薪酬发放是对员工过去一段时间工作的肯定，尤其是额外的奖励薪酬，可以增强员工对未来工作的信心，释放员工的工作潜能。

合理的薪酬管理制度可以增强员工对企业的认可，刺激员工全面释放自己的活力、潜力，为企业发展贡献自己全部的力量。同时，合理的薪酬管理制度还有利于企业对员工进行全面管理。

（2）可以对员工贡献进行有效衡量。企业制定多层次的薪酬体系后，为了获得更高的薪酬，员工会主动提升工作能力，改善个人绩效，进而提高整个部门、整个公司的绩效水平，对公司发展目标的实现产生积极的推动作用。通过合理的薪酬管理制度，企业能对员工贡献做出科学评定，使企业的经济效益、管理质量得到极大的提升，实现全面发展。

（3）为企业管理制度提供重要补充。对于企业来说，薪酬管理制度和其他管理制度一样，是一项非常重要的制度，可以提升员工管理的有效性，激发员工工作的积极性，增强员工的凝聚力、向心力，将员工的个人利益与企业利益紧密联系在一起。所以，从制度层面来看，薪酬管理制度是企业管理制度极为重要的补充。

◆绩效薪酬管理制度的优点及不足

将员工个人薪酬与企业业绩挂钩是企业绩效薪酬管理制度最基本的特征。业绩需要综合评定，不仅需要考虑产品质量、数量，还要考虑员工对企业的其他贡献。企业支付的业绩工资包括基本工资、业绩奖金、福利等，各种项目有机结合在一起。

绩效薪酬管理制度的优点在于：能将员工工资和企业业绩联系在一起，将激励机制与个人业绩、企业目标相融合，让优秀员工拿到高工资，从而提升企业的运作效率，节省企业的工资成本，还能在企业内部树立团队精神，提升企业形象，激发员工工作的积极性，增强员工的凝聚力。

绩效薪酬管理制度的不足之处在于：如果企业对绩效优秀者的奖励幅度过大，员工为了获得奖励可能谎报业绩。同时，绩效薪酬管理制度很难对绩效不好的员工产生约束作用。所以，为了让绩效工资发挥出应有的作用，对员工业绩进行准确评估、有效监督是关键。

6.2.2 薪酬激励的三大核心要素

要想发挥薪酬的激励作用，必须设计一套合理的薪酬体系，该体系必须包含三大核心要素，如表6–7所示。

表6-7 薪酬体系的三大核心要素

核心要素	具体内容
具有一定浮动性的薪酬	企业的薪酬结构有两种，一种是一元结构，另一种是二元结构。其中，一元结构指的是薪酬是一个整体，没有细分，一次性发放；二元结构指的是薪酬细分为不同的项目，员工每完成一个项目就能获得相应的薪酬 常见的薪酬管理模式有五种，分别是基于岗位的薪酬管理、基于绩效的薪酬管理、基于技能的薪酬管理、基于市场的薪酬管理和基于年功的薪酬管理。其中，最常见的薪酬模式是基本工资+绩效奖金，这种模式将员工的收入水平与员工为企业创造的价值直接联系在一起。在这种模式下，收入要素的改变可以让薪酬的激励作用得到更好的发挥，收入越多，员工工作的积极性就越高，反之亦然
多劳多得的收入模式	大多数员工都希望多劳多得，因此，企业的薪酬设计应该与员工付出的劳动、创造的价值挂钩，员工付出的努力多、创造的价值大，就能获得较高的薪酬，反之，员工付出的努力少、创造的价值小，就只能获得较低的薪酬。这样的薪酬设计更能激励员工努力工作，为部门、企业创造更大的价值
完善的晋升渠道	薪酬激励不能只体现在工资上，想要留住高水平、高能力人才，在工资激励的基础上，企业还要完善晋升渠道，为人才提供广阔的发展空间，进行事业激励。例如，某岗位刚开始的薪酬工资为4000元，随着员工个人能力不断提升，为企业创造的价值越来越大，薪酬工资可以调整为6000元、8000元，进一步发展可以应聘部门主管、部门经理等，实现工资、职位的双晋升。相较于单纯的工资激励来说，这种工资与职位的双激励更能激发员工工作的积极性，产生更好的激励效果

由此可见，企业要想使薪酬体系发挥激励作用，设计的薪酬体系必须涵盖上述三个核心要素，一是薪酬具有一定的浮动性，二是多劳多得的收入模式，三是完善的晋升渠道。除此之外，企业在设计薪酬体系时还要考虑以下几个方面的内容：

第一，企业设计的薪酬体系要具有一定的公平性与竞争性。公平性可以保证员工付出努力之后获得相应的工资回报；竞争性可以让员工珍惜这份工作，使企业留住所需人才。

第二，企业设计的薪酬福利体系必须契合企业需要。如果企业的薪酬福利体系与员工的实际需求相差甚远，无论企业投入多少资源进行激励，也达不到预期效果。

第三，企业在设计薪酬体系时要注意与员工沟通。良好的沟通可以让员工对薪酬体系产生更全面、更深入的理解，让员工理解自己获得报酬的原因，明确努力方向。

第四，保证薪酬支付的透明度。因为员工对薪酬的公平性比较敏感，所以一些企业不知道是否应该公开薪酬。其实，对于企业来说，无论公开薪酬还是对薪酬保密都各有优缺点，关键在于如何把握好“度”。如果企业能够明确绩效考核标准，打造公平的企业文化，保证上下级沟通顺畅，就可以公开薪酬，激励普通员工向薪资水平更高的员工学习，提高个人能力，获得更高的报酬。

总而言之，薪酬激励是企业人力资源管理的核心问题。薪酬激励制度设计科学，可以激发员工工作的积极性，提升员工的绩效水平，实现企业的发展目标。企业在设计薪酬激励制度时要考虑其三大核心要素，将薪酬体系的激励作用全面发挥出来。

6.2.3 绩效量化考核与薪酬体系

绩效量化，即通过一定的手段或方法对员工的绩效进行数据化评估，从而根据考核结果进行相应的奖惩或制定薪酬体系。由于绩效量化能在一定程度上提高员工工作的积极性，促进企业良性发展，因此，将量化绩效与薪酬关联的方式已经在很多企业得到了应用。绩效量化与薪酬之间的关系如图6-3所示。

由图6-3可以看出，绩效量化能够推动绩效改善，并改善员工对于薪酬公平的认知；绩效改善与薪酬提升之间也可以相互成就；而员工的薪酬提升会更加深化其对薪酬公平的认知，并进一步带动绩效改善。

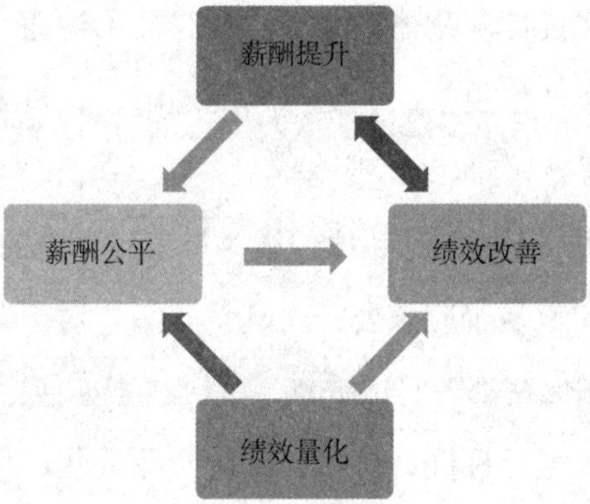

图 6-3　绩效量化与薪酬的关系

绩效量化与薪酬体系挂钩的方式主要有四种，如表6-8所示。

表6-8　绩效量化与薪酬体系挂钩的四种方式

挂钩方式	具体内容
与薪酬等级挂钩	将历次考核的量化绩效与薪酬等级挂钩是企业常用的一种方式。例如当员工的绩效量化成绩连续两次提升后，其薪酬等级也可以提高一级；当员工的绩效量化成绩连续两次下降后，其薪酬等级也会下降一级 在具体的操作过程中需要注意一点，在绩效考核后，如果员工的现有工资高于应得的薪酬等级，但幅度不大，可以将其直接调整到对应薪酬等级；如果员工的现有工资高于应得的薪酬等级，且幅度比较大，可以分次调整
与绩效工资挂钩	一些企业的薪酬组成中会包含绩效工资，将绩效量化考核结果与绩效工资挂钩也是常用的方法。与上一种方式相比，与绩效工资挂钩的方式操作起来更加灵活，可以根据绩效量化考核结果调整绩效工资支付比例，也可以调整绩效工资的差额，都可以达到良好的激励效果
与奖金挂钩	绩效量化与奖金挂钩的方式应用起来也非常灵活，是企业经常采用的绩效奖励方法。在具体的应用过程中，企业往往是在项目完成后对绩效进行考核，然后提供一部分奖金对员工进行奖励。采用与奖金挂钩的方式需要注意的是，应该综合多项绩效量化指标进行考核，不能只关注单一量化指标，导致参与员工无法得到公平对待
与年底分红挂钩	对于企业而言，一些核心员工往往会在企业的年度工作计划中做出比较大的贡献，此时企业就可以采用与年底分红挂钩的方式对其进行激励。企业可以实行股权激励的方式，结合企业的现状以及对长远目标的综合分析，在年底根据利润向核心员工进行一定数额或比例的分红

6.2.4 绩效量化考核的程序

绩效量化考核的程序主要包括六大步骤，如图6–4所示。

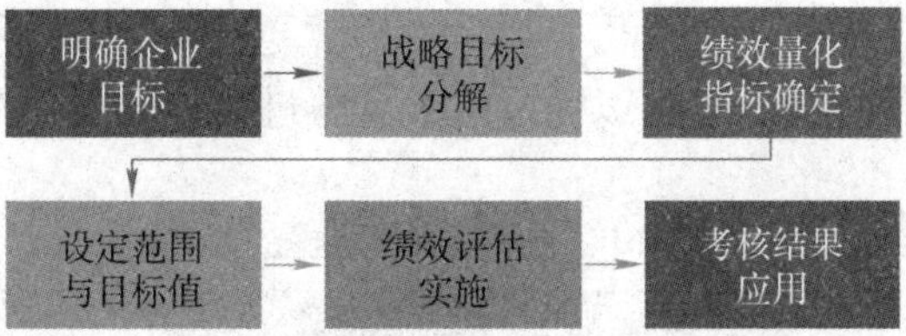

图6–4 绩效量化考核的六大步骤

◆明确企业目标

企业目标即企业经营活动期望达到的成果，根据企业经营目的的不同可以大致分为两类：一类是企业的生存目标；另一类是企业的发展目标。其中，企业的发展目标又可以分为五种，如表6–9所示。

表6–9 企业的发展目标

发展目标	具体内容
社会目标	即体现企业社会责任感的目标
产量目标	即企业经营活动期望达到的生产产品的数量、质量，以及提供服务的数量、等级等
系统目标	即企业经营活动期望达到的行业地位、市场份额、利润增长率等
产品特性目标	即企业生产产品的种类、创新性等
其他目标	即企业运营期望达到的其他目标，比如社会荣誉等

◆战略目标分解

企业的战略目标可以根据不同的方法进行分解，如表6–10所示。

表6–10 战略目标分解的方法

方法	具体内容
按时间顺序分解	企业的战略目标可以根据时间划分为不同的时间段目标

续表

方法	具体内容
按职能分解	企业的战略目标可以根据部门设置进行分解，将企业的总体目标下分到不同的部门以及小组等。在这种目标分解中，下级目标对上级目标起到支持作用

企业战略目标的分解可以通过三个步骤进行，如表6-11所示。

表6-11　战略目标分解的步骤

步骤	具体内容
目标设定	设定企业总体战略目标
目标分解	根据不同的维度（比如产品、工序、技术、数量等）对企业的战略目标进行分解
进一步分解	根据维度进行分解后，再将目标分解到具体的岗位以及个人

◆绩效量化指标确定

绩效量化指标确定可以通过四个步骤进行，如表6-12所示。

表6-12　确定绩效量化指标的步骤

步骤	具体内容
组织内部的目标分解	可以将组织目标进行分解，分解数目不宜过多
保证目标达成的措施	通过采取各种措施让被考核人完成每一项目标
未来达成目标能力的提升	通过完成目标发现员工能力的提升
辅助目标的达成	除主要目标外，其他相关目标的完成情况

◆设定范围与目标值

设定范围与目标值的方法如表6-13所示。

表6-13　设定范围与目标值的方法

方法	具体内容
绩效范围的划分	单个员工参与工作项目时，其完成情况如何；多个员工共同参与一个项目时，每个员工在项目中的责任划分
确定目标值	绩效量化指标的确定不可过高或过低，最好采用事先沟通的方式确定目标值

◆绩效评估实施

绩效评估的实施主要包括两项内容，如表6–14所示。

表6–14 绩效评估的实施

内容	具体内容
收集考核信息	包括工作目标或完成项、实施过程中的相关结果、与考核数据有关的证据
实施绩效评估	包括管理者的评估以及管理者与员工的相互评价，评估需要相关材料进行佐证

◆考核结果应用

绩效考核结果往往会应用于企业管理，具体的应用方式主要包括两种，如表6–15所示。

表6–15 考核结果的应用方式

方式	具体内容
绩效改进	与被考核人沟通考核结果，肯定其工作，指出其不足，并提供建议和方法促进被考核人成长
奖惩、培训与岗位变动	依据考核结果对被考核人进行奖惩，也可以根据需要提供相关培训或调整其岗位

6.3 企业绩效薪酬体系的设计

6.3.1 企业绩效薪酬体系的结构与要素

企业绩效薪酬体系设计得是否合理，在一定程度上决定着薪酬制度能否发挥出应有的作用。具体来看，企业薪酬体系的结构与包含的要素大致如下：

（1）薪酬。企业以直接货币或间接货币的形式支出的人力成本为薪酬。企业可以通过薪酬制度吸纳优秀人才，建立强大的人才队伍。薪酬制度管理在企业的人力资源管理中占据主导地位，其难度超出其他人力资源管理工作。薪酬由两部分组成：工资与福利。对于员工而言，薪酬是员工为企业生产价值获得的报酬；对于企业而言，薪酬是企业成本支出的构成部分，也是企业激励员工的重要方式。

（2）工资。以计量形式为标准，可以将工资划分为计件工资与计时工资。计时工资按照员工的劳动时间进行工资分配，具体有小时工资、日工资、周工资、月工资。国内企业多采用月工资制度，部分企业实施年薪制，但在具体实施过程中也是按月发放工资。采用计件工资制的企业会提前设定计件单价，按照员工完成的工作量或制作出来的合格产品数量发放工资。

以内容为标准，可以将工资分为职务工资、职能工资、结构工资。按照员工担任的职务等级划分工资水平的方式称为职务工资。按照员工的体力、技术能力、智力等划分工资水平的方式称为职能工资。结构工资则是将职务工资与职能工资融合起来，这种工资分配方式在企业中得到了广泛应用。

当企业对人力资源管理有了更深入的认识，就会逐步用薪酬制度代替工资制度。薪酬包括经济性报酬与非经济性报酬两种，包含范围更广，是在人的需求理论的基础上推出的，能够帮助企业提高人力资源的利用率，在经营过程中创造更多价值。工资的固定性较强，能够对员工的付出进行合理评估并给予相应的报酬。但随着企业人力资源管理不断发展，仅依靠工资制度无法有效提高员工工作的积极性，薪酬体系则能够发挥激励作用，并与企业文化、企业发展方向保持一致。

（3）薪酬体系。不同企业的薪酬组成方式不同，但这些薪酬体系在结构方面都少不了以下几个组成部分：基本薪酬、绩效薪酬、津贴薪酬与保险福利。具体如表6-16所示。

表6–16 企业薪酬体系的构成

组成部分	分类	具体内容
基本薪酬	—	在整个薪酬体系中占据核心地位，是薪酬体系中不变的组成部分，依照员工的职务、岗位级别及具体职责设定
绩效薪酬	—	绩效薪酬的变动性很大，按照员工个人与团队的绩效水平设定
津贴薪酬	—	包括企业为员工提供的各类补贴、津贴
保险福利	员工保险	分为强制保险与非强制保险两种。强制保险是要求企业必须为员工缴纳的保险，包括医疗金、养老金、失业金、住房公积金；其他的保险（如人身意外伤害险、企业年金）则属于非强制保险，包括员工保险、公共福利与经济性福利等
	员工公共福利	涵盖住房福利、休假福利、公共环境福利等
	员工经济性福利	包括公司给员工提供的交通补贴、电话费补贴、节假日购物券等

6.3.2 企业薪酬管理的问题与对策

我国企业的薪酬管理大多比较简单，就是单纯地制定工资结构、发放工资，存在很多问题。只有解决这些问题，提高薪酬管理的质量与效率，才能为企业的健康持续发展保驾护航。

◆我国企业薪酬管理制度存在的问题

（1）薪酬总额与企业效益脱节。随着薪酬制度持续完善，企业员工的薪酬水平持续提升。一般情况下，员工薪酬待遇和企业工资总量调控主要依托于收入分配管理，其中包含两项“不高于”规定。从本质上看，这两项“不高于”规定依然体现了计划经济思想，与市场经济体制发展不适应，无法真正地满足员工需求。在市场经济体制下，企业的薪酬总额要根据企业的实际效益确定，而很多企业没有做到这一点，随意划定一个薪酬总额，与公司实际情况不符，与市场经济脱节。

（2）薪酬分配制度不合理。据调查，几乎所有企业的员工都认为自己企业的薪酬分配制度不公平、不合理，尤其是在公平理论下建立起来的薪酬管理。员工对企业薪酬制度不满意的地方主要在于劳动者报酬在初次分配中的占比偏低，在根据收入法核算的GDP中，劳动者报酬在初次分配中的占比下降了12%，当然导致这种现象出现的原因还有统计口径的调整。即便将这一因素考虑进去，劳动者报酬占比偏低、下降过快也是不争的事实，给居民消费增长造成了不良影响。

◆现代企业薪酬管理制度设计的具体做法

（1）绩效考核原则。绩效考核的目的不是制造员工间的薪酬差距，而是发现他们的长处与不足，让其扬长避短，实现自我提升。企业绩效考核要遵循以下原则：第一，以规定的考核项目与事实为依据；第二，以实际工作或可靠的信息为依据；第三，坚持公平公正的原则，防止徇私舞弊的现象发生。

（2）绩效考核方式。企业绩效考核可以采取三种方式，一是试用考核，二是平时考核，三是年终考核。如表6-17所示。

表6-17　企业绩效考核的三种方式

考核方式	具体操作
试用考核	人力资源部门按照公司的人事规定招聘员工，试用期三个月。三个月后由部门主管对员工进行考核，根据员工在试用期的表现对其进行评价，确定其工作水平
平时考核	部门主管从工作效率、工作态度、学识等方面对员工进行考核，考核周期为一个月，落实奖惩措施。部门主管要将员工的请假情况详细记录下来，为平时的绩效考核提供依据
年终考核	公司于每年年底（一般是12月底）进行一次终极考核。在考核过程中，部门主管以平时考核记录为参照填写考核表，送交相关部门复审，以完成年终考核

当今社会，人才竞争愈演愈烈，为了吸引人才、留住人才，企业必须制定合理的薪酬管理制度。同时，企业必须认识到不是提高薪酬就一

定能提升员工的管理效率。为了让员工认可企业的薪酬管理制度，高管人员必须增进与员工的沟通和交流，让员工树立主人翁意识，将个人利益与企业利益绑定在一起，增强员工的满足感。如有必要，企业还可以让员工参与薪酬管理制度的设计。

6.3.3 绩效薪酬体系设计的原则与步骤

企业绩效薪酬体系设计不能盲目，必须遵循一定的原则与步骤，具体分析如下：

◆薪酬体系设计原则

企业制定薪酬制度时应该遵循六项原则，如表6-18所示。

表6-18 企业薪酬体系设计的六大原则

原则	具体内容
战略原则	企业要结合自身的战略发展需要设置薪酬制度，将企业战略体现在薪酬设计中，同时要通过对员工提要求来实现企业的战略发展目标，并通过给员工提供薪酬激励促使他们努力工作，进而推动企业的整体发展
公平原则	在制定薪酬体系时，企业既要注重内部公平，也要注重外部公平。员工在心理层面上体验到的公平，是一种内部公平，具体是指企业推行的薪酬制度能够得到员工的一致认可，避免让员工觉得自己与其他人之间存在落差。企业设定的薪酬水平在其所属行业具备足够的竞争优势，足以与自己的竞争对手抗衡，则是一种外部公平。遵循外部公平，能够提高企业对优秀人才的吸引力，避免人才流失
竞争原则	企业制定薪酬制度时，既要体现内部竞争力，又要体现外部竞争优势
激励原则	要实现企业内部的公平，就要按照员工的能力与创造价值的多少，在薪酬分配方面进行合理区分，为创造更多价值的员工提供更多薪酬，促使员工更加努力地投入到自己的工作中
经济原则	在制定薪酬制度时，企业要考虑成本因素，统计人力成本消耗，避免人力成本支出超出合理范围
合法原则	企业要依据法律与政策规定来制定薪酬制度，严格按照国家的强制性规定进行薪酬设计

◆薪酬体系设计步骤

企业薪酬体系设计要按照一定的步骤进行，如图6–5所示。

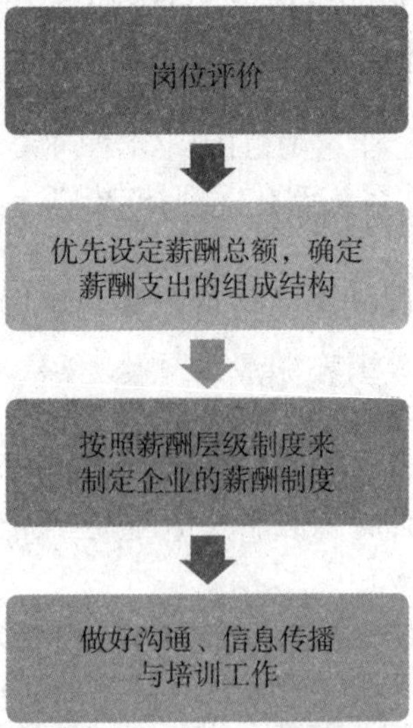

图6–5　企业薪酬体系设计的四大步骤

（1）岗位评价是制定薪酬制度之前要做的准备工作。要了解企业的特点与内部组成结构，在此基础上确定各个岗位，并进行职位说明，然后对不同岗位的技术要求、岗位职责、工作强度等进行科学准确的评估，分析岗位的总体要求以及对工作者能力的要求。

（2）制定薪酬制度时，企业要优先设定薪酬总额，确定薪酬支出的组成结构，设定各个组成部分所占比例，包括基本工资、绩效工资、奖金、员工津贴等。一般来说，固定工资与变动部分分别占到总体薪酬的50%，前者能够为员工生活提供有效保障，后者能够发挥激励作用，调动员工工作的积极性。

（3）要按照薪酬层级制度来制定企业的薪酬制度。在划分薪酬层级时要考虑企业的特点与内部组成及岗位安排，据此设立薪酬层级数，对不同岗位进行合理区分。这种差别能够反映员工劳动的不同，考虑到企业内部与外部市场环境的公平性，为员工提供合理的薪酬。此外，在制定薪酬制度时，还要考虑企业的绩效体系，不能割裂二者之间的关系。企业的薪酬体系应该发挥绩效的激励作用，为此，在制定薪酬制度时应该确定合理的薪酬范围，在这个范围内给不同员工提供不同的薪酬。

（4）设计企业的薪酬制度时，要想提高薪酬改革效果，就要注重相关沟通、信息传播与培训工作。从根本层面来说，企业在确定劳动报酬分配方式时，既要考虑人力资源成本，又要深入分析员工需求。企业无论选择哪种薪酬方式，都不可能做到绝对公平，但要确保自己制定的薪酬制度能够得到员工的认可。所以，在实施薪酬制度时，应该根据具体需求，对现有薪资标准以及组成方式进行持续改进与优化。

6.3.4 企业绩效工资设计实战方法

绩效工资是企业工资制度的重要组成部分，已经有很多企业在经营管理中推行绩效工资，以员工的绩效完成情况为标准，对其为公司发展做出的贡献进行合理评估。这种方式具有较高的公平性，可以通过薪酬分配的方式调动员工工作的积极性。企业运用绩效工资，可以把员工的劳动报酬与工作成果联系起来，还能通过这种方式提高员工的工作收益，提高他们对公司的认可度。对企业的绩效工资制度进行分析可以发现，多数企业还无法提高员工对所得薪酬的认可度。对于这一问题，企业要找到问题的根源并实施针对性的解决方案。

◆企业绩效工资设计的几个重要问题

国内大部分企业设计的绩效工资体系都不完善，企业管理者对基础理论缺乏系统认知，制度设计过程存在很多问题，主要体现在以下几个方面：

（1）企业绩效工资设计没有结合科学的理论。在绩效工资设计环节，企业需要运用科学的理论，从管理层面出发，充分考虑企业的实际发展情况。然而，很多企业在设计绩效工资制度的过程中，都忽略了对企业工作岗位的分析。在这种情况下推出的绩效工资制度无法取得理想的效果，其价值也得不到充分体现。

在设计绩效工资体系的过程中，企业应该对内部的工作情况进行全面评估，针对各个职位制定相应的绩效工资制度，保证对员工绩效进行合理评估，结合科学的理论依据，逐步形成完善的绩效评价体系。要根据绩效评价结果判断员工的工作情况，在实施业绩考核时减少个人主观因素的影响，提高考核结果的准确性。

企业在评价员工的工作情况时，除了要分析员工的工作表现之外，还要注重对绩效工资体系的设计，进一步提高绩效考核的客观性，建立公平、公正的企业评价体系。

（2）绩效工资设计过程中存在与员工沟通的问题。只有当员工认可企业的绩效工资体系时，企业才能促进其在内部的实施，这就要求管理层与员工之间进行有效沟通，就相关问题进行协商。通过与员工进行沟通，企业能够让员工清楚自己承担的职责，明确自己的工作重心，从而实现更高的业绩目标。

（3）绩效工资设计存在引导性问题。企业采用绩效工资，是为了让员工能够尽可能地获得更多利益并促进企业发展。因此，企业在设计绩效工资体系时，首先要清楚实行绩效工资的目的是什么，据此推出相应的工作计划，保证员工在工作中遵循相关的规定。如果员工对绩效工资的认可度比较高，说明绩效工资体系的设计比较成功。为此，管理者要注重设计环节的工作，提高员工对绩效工资的满意度，根据员工的实际工作能力进行设计，提高员工的绩效水平。

◆企业绩效工资设计方法

（1）企业绩效工资设计的目标分析。企业设计绩效工资制度时，要以总体的战略方针为主要参考方向，在制定具体规则时，要充分体现公平性，与此同时，要注重提高效率。高效的绩效工资体系有利于推动企业实现战略目标。企业运用绩效工资制度对员工的工作情况进行分析，能够评估员工产生的价值，促使员工在工作中不断努力，从而推动企业发展。因此，企业在绩效工资制度设计环节，要依据企业的战略发展目标，对员工的具体情况进行分析，还要结合员工的心理，综合考虑企业的发展现状，建立完善的绩效工资制度。

（2）企业绩效工资设计的具体方案。企业在设计绩效工资时应该遵循三大原则，如表6–19所示。

表6–19　企业绩效工资的设计原则

设计原则	具体内容
公平性原则	在设计绩效工资制度的过程中，企业应该严格保证制度的公平性，从个人层面及企业层面都要遵循公平性原则，促进信息公平与结果公平，以增强员工对企业的信赖，提高员工对企业薪酬制度的满意度，将员工发展与企业发展统一起来
效率优先原则	企业推行绩效工资制度，是为了在原有基础上实现自身生产和经营效率的提升，提高员工工作的积极性。因此，企业在绩效工资制度设计环节，应该优先考虑效率原则，促使员工提高个人工作效率，在工作期间产生更多价值，进而促进企业发展并提高员工的工资水平
全方位综合理念原则	设计绩效工资制度时，企业应该综合考虑多方面的因素，对企业、不同部门与员工之间的利益关系进行有效协调。在绩效工资制度设计环节，要全面分析员工与企业发展之间的关系。管理者应该清楚，只有当企业所获利润增加时，才会提高员工的工资水平，提供给员工更多的劳动报酬，因此，在设计企业的绩效工资制度时，要统筹考虑企业与员工的利益。与此同时，还要对不同部门的利益关系进行分析，肯定团队的付出，在发展过程中注重公司内部的团结，促进不同部门之间的合作；增强员工的归属感，认可他们为公司发展做出的贡献，明确他们在部门中的定位。为此，在绩效工资设计环节，企业应该将员工的个人利益考虑在内，对员工的工作表现与结果进行评估，严格遵循公平性原则。在具体评估过程中，除了对员工的工作结果进行考核之外，还要将其他方面的因素，比如员工的工作态度等考虑在内

如今，越来越多的企业开始通过制定绩效工资制度来增强自身发展的持续性，致力于推动员工个人与企业共同发展。但很多企业设计的绩效工资制度并不完善，缺乏与科学理论的结合，管理者与员工之间的沟通比较有限，在引导方面也有所欠缺。针对这些问题，在绩效工资制度设计环节，企业要逐一克服当前存在的问题，注重公平、效率，将各个方面的因素考虑在内，促进员工与企业共同发展，根据企业的具体发展情况，尽可能地提高员工的收益，促使员工更加积极地投入工作中。

6.3.5 企业薪酬激励管理主要策略

在企业的各种激励方式中，薪酬激励是最有效、使用最便捷的一种方式，只要应用得当就能发挥出巨大的作用，不仅可以激发员工的工作热情，而且可以降低企业的人力成本，提高企业的经济效益。为了让薪酬体系对员工产生有效激励，企业要结合自身的发展战略对薪酬体系进行合理设计，具体分析如下：

◆明确企业的战略定位，形成与企业战略相匹配的薪酬战略

企业战略是企业管理者综合企业优势与劣势、面临的机遇与挑战等因素制定的长期发展计划，可以分解为各业务层面的战略。企业战略的实现需要所有员工共同努力。从业务层面来看，人力资源战略是企业战略的一个重要分支，而薪酬战略就建立在人力资源战略的基础之上，是人力资源战略的重要组成部分。因此，薪酬战略设计应该以支持人力资源战略的实现为目标，确定具体的薪酬制度、薪酬技术与管理流程，对员工行为产生有效引导，进而改变员工的行为与态度，使之与组织战略相契合。只要做到这一点，企业就可以通过控制员工的行为按部就班地实现各个阶段的业绩目标，从而获取竞争优势。

◆科学合理地设计薪酬管理体系

（1）建立完善的薪酬管理制度。无论在什么企业，薪酬都是一个非常敏感、备受关注的话题，因为薪酬制度的合理性直接决定了人力资源管理的有效性，会在一定程度上对企业绩效产生影响。因此，企业必须秉持外部公平、内部公平、员工公平、程序公平的原则，设计一套科学合理的薪酬体系，建立一套完善的薪酬管理制度，保证内部公平与外部竞争，体现员工的价值，最终实现企业的战略目标，切实提升企业的综合竞争力，对企业发展产生积极的推动作用。

（2）采用科学的薪酬技术。为了保证薪酬体系设计的公平性，让薪酬体系发挥出应有的激励作用，设计人员可以根据企业的实际情况采用一些技巧与方法，设计多种多样的薪酬激励要素，搭建多元化的薪酬结构，反映不同类别员工的特点，满足不确定、多层次、复杂的员工需求。如果企业的薪酬体系没有与科学的方法相结合，就会失去公平性，激励作用也会大打折扣。

（3）注重薪酬管理体系的可操作性、灵活性。薪酬管理制度与体系必须简单易行，让员工理解企业如此设计薪酬管理体系的目的，从而对自身行为进行规范，按照企业规定完成各项工作，在获得薪酬激励，满足个人物质需求的同时对企业发展产生积极的推动作用。另外，只有简单易行的薪酬管理制度才能更快地推广，也更方便管理。

为了保证薪酬管理制度的适用性，企业要不断对薪酬管理制度进行调整，以适应不断变化的外界环境与企业发展要求，以免不合适的薪酬制度影响企业的发展进程。

（4）注重薪酬管理体系的可承受性。企业要根据自身的支付能力确定薪资水平，做好薪酬预算工作，让薪酬水平与企业的经济效益、承受能力保持一致。一般来说，企业人力成本的增长幅度不能超过总利润的增长幅度，也不能超过劳动生产率的增长幅度。企业可以适当地提高工资水平，借此激发员工工作的积极性，获得更高的经济增长值，保障企业利益，实现可持续发展。

◆确定企业的薪酬理念与薪酬管理策略

员工关心薪酬，并不代表员工在择业、就业时只考虑薪酬。除薪酬外，企业文化也是员工考虑的一大要素。优秀的企业文化是企业持续发展的一个核心驱动力，能够对企业人力资源开发起到积极的推动作用，而企业文化形成的价值导向能对员工产生激励作用，激发员工工作的积极性、主动性与创造性，充分释放员工的智慧与能力，让各部门员工为企业发展贡献自己的力量。

因此，企业在设计薪酬体系时要考虑企业文化的价值诉求，据此设计企业的薪酬理念，将薪酬体系的约束、激励作用充分发挥出来，让员工形成与企业文化相契合的价值观，在内心深处认可自己所从事的工作，主动承担工作职责，主动创造价值、获得回报。对于企业来说，只有完善薪酬理念，健全薪酬制度，才能引导员工约束自己的行为，变得更加职业化。同时，企业还要注重薪酬文化建设，保证薪酬体系的约束、激励等作用可以完全发挥出来。

除此之外，设计薪酬体系时还要制定科学有效的管理策略。具体来看，企业薪酬管理策略包括九大内容，分别是薪酬治理与管控模式、薪酬重心倾斜与内部差距、薪酬决定模式、薪酬结构优化与调整策略、薪酬等级管理策略、团队与个体薪酬管理策略、薪酬支付方式管理策略、薪酬沟通策略和薪酬满意度管理策略。企业在设计薪酬管理制度时要对上述管理策略进行充分考虑，确保薪酬制度具有足够的激励作用。

总而言之，企业要根据自身的实际情况，与企业战略、企业文化相结合设计薪酬体系，对各方面因素进行系统、全面的考虑，并根据实际情况对薪酬体系进行动态调整，将薪酬体系的激励、引导作用充分发挥出来，对企业生存、发展产生积极的推动作用。

7 各岗位绩效管理与考核

7.1 研发岗位的绩效管理

7.1.1 研发岗位绩效考核主要问题

研发人员的工作比较特殊，研发成果具有一定的滞后性，再加上其工作方式多以项目的形式存在，故不同研发人员承担的工作内容不同、工作难易程度不同、产出模式也不尽相同，给绩效考核带来了极大的困难。

有些企业针对研发人员的绩效考核设计了严格的KPI指标，忽略了研发难度与研发过程中可能面临的风险，尤其是技术攻关类项目。在这种绩效考核模式下，即便专业技术过硬的研发人员也不愿意开展技术攻关，严重打击了研发人员创新的积极性，不利于在企业内部形成良好的创新氛围。

为了避免上述情况发生，企业在对研发人员进行绩效考核时必须注意以下问题：

◆将项目节点和任务验收用于考核

大部分研发工作都是按照项目制进行的，项目研发具有周期性、团队性的特点。因此，对研发人员的绩效考核可以将项目周期节点、项目验收等作为标准与依据。例如，在立项之前，企业可以组建研发项目评审组，从多个维度对研发项目进行评估，确定项目研发周期、参与研发的人员数量、项目研发费用等，然后根据评审结果制订项目研发总计划与研发进度表，按照各个节点对任务完成情况进行考核。考核结束之后，管理人员根据考核结果确定研发人员的奖金。

◆将个人成长用于评价

研发人员个人考核指标主要有两类，一类是能力指标，另一类是行为指标。管理人员可以根据研发岗位的特性与研发任务要求评价研发人员关键胜任能力，具体包括创新能力、项目管理能力、研发知识储备、产品设计能力等指标。通过能力评价，一方面可以让研发人员对研发团队做出全面了解，对研发任务进行合理安排，让研发人员发挥各自的能力与优势，保证研发任务如期完成；另一方面可以让研发人员了解自己的长处与短板，实现个人成长。

除了能力评价外，管理人员还要做好对研发人员的行为评价，评价指标包括工作积极性、团队协作、主动性、责任心等。对研发人员的能力评价与行为评价不仅可以用来进行绩效考核，还可以用来评定研发人员的等级，通过技术等级激励研发人员主动学习，提升个人能力与绩效水平。

◆将研发成果用于激励

对研发人员进行绩效考核后，可以直接将研发成果用于激励。如果是研发一款新产品，可以直接从新产品的销售利润中提取一部分作为研发人员的奖励；如果是对老产品进行改进，可以从产品改进后增长的销售额中提取一部分作为研发奖金。如果是辅助研发的项目成果，例如专利、论文等，可以根据研发成果对公司的贡献进行奖励。总而言之，将研发成果直接用于奖励，可以极大地提升研发人员研发的积极性、主动性，在企业内部形成良好的研发氛围，鼓励创新。

企业竞争力的强弱在一定程度上取决于产品创新与技术创新的好坏，而产品、技术的创新则源于研发。由此可见，在企业发展中，研发工作占据着十分重要的地位。相较于其他工作，研发工作具有周期性、创新性、可控性差等特点，因此针对研发人员的绩效考核必须对研发岗位的特点、研发人员的特性、研发项目的性质等进行充分考虑，做好绩效考核设计，将绩效考核对研发人员的激励作用充分发挥出来。

7.1.2　研发岗位绩效考核体系设计

研发活动是企业竞争力的主要来源。为了激发研发人员工作的积极性，企业必须针对研发岗位设计合理的绩效考核方案。研发岗位绩效考核要遵循五大环节，分别是设定绩效考核目标、设计绩效考核指标体系、绩效评估、绩效反馈与沟通、绩效改进。对前面两个环节具体分析如下：

◆设定绩效考核目标

（1）绩效考核目标设定原则。绩效考核目标设定要遵循三大原则，如图7–1所示。

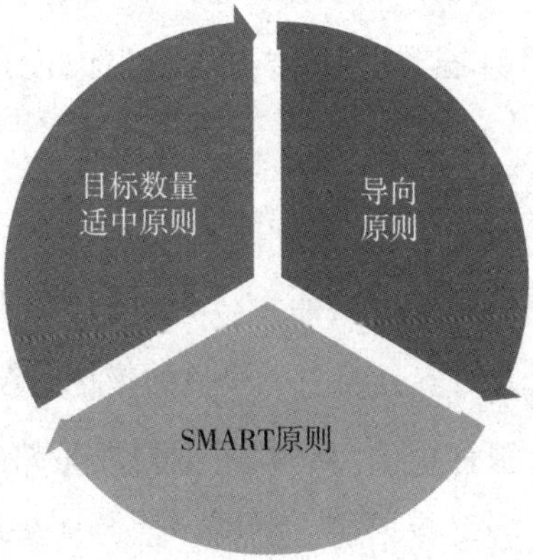

图7–1　绩效考核目标设定的三大原则

第一，导向原则，即根据企业研发项目的总目标与部门目标层层分解，设立个人目标。

第二，SMART原则，即绩效目标的设定要具体、可衡量、可达到、相关、有时间限定。

第三，目标数量适中原则，即绩效考核目标的数量不能过多，在6~8个为宜。

（2）绩效考核目标的设定。研发人员绩效考核目标主要分为两种，一种是业绩目标，另一种是能力发展目标。其中，业绩目标由项目团队的目标分解而来，层层分解直到个人；能力发展目标由研发人员根据高绩效研发人员的能力要求，结合个人兴趣来制定，可以细分为所掌握的技术能力、工作完成效率、解决客户问题的能力等多个维度，并围绕目标的实现制订相应的行动计划，提交上级领导审核。

◆设计绩效考核指标体系

（1）设计原则。

原则一：研发岗位的绩效考核指标设计必须与企业战略相结合。如果企业的竞争战略是比竞争对手率先推出产品，那么绩效考核指标就可以设定为产品上市时间或产品开发周期；如果企业的竞争战略为比竞争对手投入的成本少，那么绩效考核指标就可以设定为产品成本或研发成本。

原则二：研发部门、小组与个人的考核指标必须紧密相关，个人的考核指标由小组的考核指标分解而来，小组的考核指标由研发部门的考核指标分解而来，从上到下形成一个完整的指标分解体系。

原则三：人力资源管理部门必须根据研发策略对研发岗位的长期绩效考核指标与短期绩效考核指标、绩效指标与行为指标之间的关系进行协调。

（2）指标体系。研发岗位绩效考核指标体系大致包括三大类指标，分别是业绩指标、行为指标和能力指标，如表7–1所示。

表7–1 研发岗位绩效考核指标体系的主要内容

指标类型	人员类型	具体内容
业绩指标	项目经理	一般包括新产品开发周期、技术评审合格率、项目计划完成率、项目费用控制、客户满意度、团队士气指数等
	开发人员	一般包括项目计划完成率、项目流程、规范符合度、设计的可生产性、设计成本降低率等
	测试人员	一般包括测试问题解决率、运行质量、计划完成率、开发过程规范符合度等
行为指标	—	一般包括主动性、服从性、责任心、协作精神、工作合理性、纪律性等
能力指标	—	一般包括业务知识、业务技能、计划能力、判断能力、解决问题能力、应变能力、人际技能、理解能力、学习能力、创新能力、领导控制能力、决策能力、指导帮助下属能力、组织能力、员工管理能力等

考核目的不同，考核指标体系的设计也应有所不同。如果要对研发人员过去一段时间的工作表现进行考核，根据考核结果来决定加薪、奖金、红利等奖励，那么绩效考核指标应该以业绩指标与行为指标为主；如果要根据考核结果决定员工的发展方向，例如教育培训、能力开发、职位升迁、岗位调动等，那么绩效考核指标应该覆盖业绩指标、能力指标与行为指标。绩效考核重点不同，各指标所占权重也应有所不同。

7.1.3 研发岗位的PBC绩效考核法

个人业务承诺计划（Personal Business Commitment，PBC），员工每年都要根据公司的业绩目标与具体的KPI，在部门经理的指导下制订自己的PBC，并附上为了完成业绩目标、执行方案与团队合作准备采取的具体行动。一般来说，一个完整的PBC协议书主要包括三大内容：一是业务目标，所占权重为80%；二是管理目标，所占权重为20%；三是个人发展目标，作为参考指标。这三大类指标的来源如表7–2所示。

表7–2　PBC三类指标的来源

指标类型	主要来源
业务目标	可以分为关键指标与关键任务。其中关键指标主要包括常规性指标，例如营收、品质、安全、开拓等；关键任务属于动态指标，是对关键指标的补充与完善
管理目标	如果是团队签订PBC协议，团队负责人要从三个方面考虑设置管理目标。一是业务目标对组织建设、员工管理的要求；二是优秀管理者应该具备的目标承接、团队合作、绩效管理、鼓励创新、发展下属、承认贡献、氛围营造七大能力；三是岗位胜任力体系建设。团队负责人要从这三大维度明确部门管理的重点与难点，做好管理目标设置
个人发展目标	部门员工要在部门负责人的帮助下设置2～4个个人发展指标，这些指标只作为参考，不参与绩效考核，但所有员工必须设置

相较于其他的考核方式，PBC绩效考核的主要特点就是可以将目标与行动结合在一起，与其说是绩效考核，不如说是计划考核，凸显了为了实现绩效考核目标所做出的行为的重要性。

◆自评和上级评价相结合

自评：让员工针对之前设定的目标进行自我评价，例如在年终对年初设定的目标进行评价，是员工对过去一段时间能力实现程度的评估。

他评：由员工的上级领导对其在过去一段时间的工作进行评估，按照绩效考核标准对各项指标进行考核。

综合评分：将员工自评与上级领导评价的两项得分进行加权计算，得出研发人员的最终绩效评分。自评与他评相结合能够将研发人员在该绩效考核周期内的绩效客观、真实地反映出来。

◆目标管理法

目标管理涵盖了三个环节，分别是目标体系的制定、目标追踪与执行、目标完成结果的评价与反馈。目标管理法的特点如下：

（1）目标的设定方式：目标由上下级共同设定，在目标设定的过程中，下级享受充分的自主权。

（2）目标间的关系：使用目标管理法对研发岗位员工进行绩效考核，强调个人目标与组织目标、个人利益与组织利益相互融合，实现组织目标就是实现个人目标。

（3）管理方式：目标管理采用的是员工自我管理，上级领导可以通过分权与授权对绩效考核进行控制。

（4）成果评价：绩效考核成果评价采用自我评价、自我改进的方式。

总而言之，采用目标管理法进行绩效考核强调员工的自我参与。对研发岗位使用目标管理法进行绩效考核，可以充分发挥部门员工的积极性，提高绩效考核的质量与效率，使绩效考核达到预期效果。

7.1.4 研发岗位的项目管理考核法

很多科研院所都会采用项目管理法对科研人员进行绩效考核，所以对于企业研发岗位的绩效考核来说，项目管理法不失为一种有效的方法。研发岗位员工的级别不同，适用的考核方法也不同，具体分析如下：

（1）项目跟进制（初级）。

对于大多数企业来说，研发效率是一个核心问题。只有提高研发效率，让研发人员按时完成研发任务，才能开始新的研发项目。使用项目跟进制对研发人员进行绩效考核，可以有效解决研发效率低的问题。具体方法如下：

★在研发人员的固定工资中抽取30%用于项目进度管理。假设固定工资是10000元，调整之后的工资结构就是7000元的固定工资+3000元的项目进度管理金。如果研发人员按时完成任务，就能拿到10000元。

★制定项目进度表：为了做好项目进度管理，可以制作研发项目进度表格，如表7–3所示。

表7–3　研发项目进度表

序号	项目名称或项目节点	项目定价	完成标准	完成时间	激励方法	月结工资

注：1. 所有项目定价合计不能超过 × × 元。
2. 每月28日前制定次月进度时间及激励方案。
3. 激励办法详见批注。

★每月初，管理人员可以按照项目的紧急程度、重要程度将3000元的绩效管理金分配到各个节点，并制定相应的激励标准。例如，完成节点1奖励500元，完成节点2再奖励500元等，充分激发研发人员工作的积极性。

这种绩效考核方法比较简单，但因为员工薪酬与项目完成情况直接相关，激励点比较单一，只适合围绕项目进度做激励。

（2）项目基点制（中级）。

相较于项目跟进制来说，项目基点制比较复杂，考核的内容也比较全面，从固定工资中抽取50%用于绩效考核。假设原来的固定工资为10000元，调整后的固定工资就变成了5000元固定工资+5000元基点工资。

使用项目基点制对研发人员进行绩效考核，首先要从人工、时间、难易程度三个维度制定项目基点标准，然后设置常规的基点标准、其他的基点标准以及基点激励标准。研发工程师基点激励方案如表7–4所示。

表7-4 研发工程师基点激励方案

级别	岗位	产值工资平衡点	产值工资基点平衡点	奖励	少发

项目基点制可以对研发人员产生全面的激励作用，以基点作为对研发人员进行考核、激励的唯一标准，最终工资数额取决于基点的完成数量。后期，管理人员还可以将基点与职位晋升、年终奖、合伙人、股权等激励措施绑定，全面提高研发人员工作的积极性。

（3）项目承包制（高级）。

项目承包制是一种更高级的绩效管理方法，从研发人员的固定工资中抽取80%用于项目进度管理。仍以固定工资10000元为例，调整后的工资结构变为2000元固定工资+8000元工资包。

这种绩效考核方法是将一个项目分派到项目组之后，利用项目基点制对项目进行定价，设置交付期限，然后根据项目基点确定分配规则，研发人员完成项目节点就能获得相应的报酬。

在项目承包制模式下，如果研发人员提前完成任务，项目定价款全部分发给相应的员工；如果违约超期完成，则按照参与完成任务的研发人员每人每天的成本进行核算。除此之外，项目研发的超期成本由项目组的研发人员共同承担。

未来，在研发人员绩效考核方面，项目承包制将成为主流方式。

针对研发岗位进行绩效考核的方式有很多，企业要根据实际情况合理选择，保证绩效考核方案可以对研发人员产生强有力的激励作用。

7.2 行政岗位的绩效管理

7.2.1 行政岗位绩效管理的对策

企业的发展壮大必然会导致行政管理部门增加，随之会出现一系列管理岗位，如宣传、财务、人力资源、办公室文员、内务等，产生大量行政管理人员。这些庞杂的岗位与人员为绩效管理带来了较大的困难，如何做好行政管理人员的绩效管理成为企业管理的一大难题。

◆行政人员绩效管理存在的问题

虽然有越来越多的企业认识到行政人员绩效管理的重要性，但由于绩效管理制度不完善、考核思路不清晰等，行政人员的绩效考核与管理出现了很多问题，具体表现在几个方面，如图7–2所示。

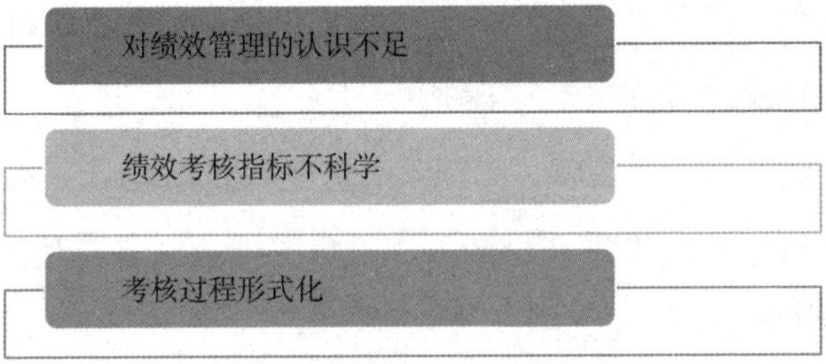

图 7–2 行政人员绩效管理存在的三大问题

（1）对绩效管理的认识不足。有些企业虽然认识到绩效管理的重要性，但经常将绩效管理与绩效考核等同，将两个概念混淆，导致绩效管理的作用无法充分发挥出来。还有些企业不太重视绩效管理，没有建立针对行政管理人员的绩效管理制度。

（2）绩效考核指标不科学。企业的绩效考核指标不科学，主要表现在以下两个方面：第一，定性指标比较多，定量指标比较少，导致绩效考核结果无法量化；第二，绩效考核指标缺乏针对性，导致绩效考核结果不准确，绩效考核体系无法发挥出应有的激励作用。

（3）考核过程形式化。行政管理人员的绩效考核多由上级领导或者部门同事执行，经常出现“人情分”，导致考核结果失准。在企业中，行政管理工作主要为生产服务，对其工作结果最了解的部门应该是生产部门，而在对行政人员的绩效考核中，生产部门缺位，导致考核结果不客观、不全面、不准确。

◆行政人员绩效管理的措施

为了改善行政管理人员绩效管理的现状，利用好绩效考核这一工具，改善行政管理人员的工作状态与业绩，企业需要在以下三个方面付出努力：

（1）建制度、立文化。企业要针对行政人员的绩效管理建立科学有效的管理制度，覆盖绩效管理目标制定、绩效监督管理、绩效反馈、绩效考核结果应用等绩效管理的全过程，以切实提升绩效管理质量。与此同时，企业要在内部建立绩效管理文化，让绩效管理与考核深入员工思想，鼓励行政人员主动参与绩效考核，以切实提升绩效管理的质量与效果。

（2）业绩要“量化”。谈及业绩，很多人都会将其与可以用经济指标衡量的业务实绩联系在一起。事实上，业绩不止于此，它还包括各岗位员工在日常工作过程中取得的工作进展，其中很多内容无法用经济指标进行衡量。为了做好这些业绩的考核与管理，可以将考核制度与计划管理相结合。其中，计划管理可以将一定质量要求下的“工作量”与“进度量”作为指标，将非业务人员的工作转化为可以用数字衡量的内容。

（3）注重绩效过程管理和绩效沟通。很多人力资源管理者认为对行政人员进行绩效管理的目的是制定奖惩方案、决定薪酬水平以及职位晋升等，但实际上，作为一种管理手段，绩效考核的最终目的应该是发现问题、解决问题，提升并改善绩效，促进企业发展。为了做到这一点，人力资源管理人员要与员工开展持续有效的绩效沟通。

绩效沟通的方法有很多，具体包括定期访谈、书面报告、团队咨询、小组会议以及非正式沟通等。在这个过程中，领导要与员工分享工作进展、在工作过程中遇到的问题、准备采取的解决策略等。需要注意的是，绩效沟通不是员工单向地向领导汇报工作，也不是领导单向地向员工交代任务，而是领导与员工之间的双向沟通与绩效反馈。

总而言之，企业要提高对行政人员绩效管理的重视程度，建立科学合理的绩效考核制度，开展持续有效的绩效沟通，解决行政人员绩效管理存在的各种问题，提高绩效考核的科学性，将绩效管理的作用充分发挥出来。

7.2.2 行政岗位绩效考核的流程

绩效考核是绩效管理的重中之重。为了保证绩效考核结果的准确性，行政管理人员的绩效考核必须遵循一定流程，具体分析如下：

◆确定绩效考核指标

绩效考核指标的确定有两种基本方式，一是量化，二是质化。由于行政管理工作无法量化，所以行政管理人员的绩效考核指标只能以质化的方式确定，即只确定方向性指标，不确定量化指标。具体来看，这种方向性指标主要有七种表现形式，如表7–5所示。

表7–5 绩效考核方向性指标的表现形式

序号	表现形式
1	行政管理人员对部门职能与岗位职责的履行情况，即员工对本职岗位工作的完成情况
2	行政管理人员对本职工作之外的其他工作的完成情况，包括响应的及时性、服务质量、协作精神等

续表

序号	表现形式
3	与企业的实际情况相结合，对德、绩、勤三类指标进行科学分配，制定可以定量考核的项目、内容及评分标准，统一评分依据，减少人为因素对考核结果的影响
4	对上级安排工作的执行情况，对企业各项制度的执行力度等
5	团队合作、协调配合情况，对公司利益、集体利益的维护情况
6	工作的积极性、责任心等态度评价
7	所服务部门的满意度

行政人员绩效考核的量化考核指标设计要遵循以下原则：第一，考核指标容易被理解；第二，考核内容来源可信，获取成本低；第三，绩效考核对象具有一定的控制能力。行政人员的绩效考核要坚持目标导向、成果导向和计划导向，要对行政管理人员的行为产生正向引导作用，对公司目标的实现产生积极的推动作用。

◆选择绩效考核方法

行政人员的绩效考核可以采用的方法如表7–6所示。

表7–6 行政人员绩效考核的三种方法

绩效考核方法	具体措施
自我评估	自我评估指的是行政人员对自己在过去一段时间的工作情况进行总结，对自己在工作中的表现进行评估，通过自我述职报告与上级主管绩效考核相结合的方式，对工作绩效进行评估
上级评价	上级评价指的是直接领导初评打分，然后上级领导复评打分。在行政人员的绩效考核中，由直接领导进行评估考核是最常用的方法，因为直接领导最了解员工的工作状况，给出的考评结果更加合理。之所以还要由上级领导进行复评打分，主要是为了防止直接领导在对员工进行绩效考核时带有偏见，导致考评结果失准的情况出现
横向绩效考核	横向绩效考核指的是由外部协调部门的人员从服务精神、协调沟通能力、对外部需求的反应能力等维度对行政管理人员进行评估，搜索最全面、真实的资料，做出最客观、公正的评价

◆确定绩效考核周期

行政人员绩效考核周期要根据企业的实际情况来设定，不能过长或过短。绩效考核周期过长，会导致考核结果带有严重的“近因效应”，出现较大的误差。在这种情况下，行政管理人员就会降低对绩效考核的关注度，导致绩效考核无法发挥出真正的作用。绩效考核周期过短，会在一定程度上增加考核成本，加大各部门的工作量，而且有可能出现一项工作跨越几个考核周期的情况，导致员工的很多工作表现都无法得到有效评估。

一般来说，行政管理人员的绩效考核可以以月为周期，也可以以季度、半年或者一年为周期。月度绩效考核不与绩效工资挂钩，只作为员工改进工作的参考，半年度或者年度绩效考核直接与奖金挂钩。总而言之，企业要根据自身的实际情况确定绩效考核周期。

◆绩效评估

行政人员绩效考核指标可以归结为三大类，分别是工作任务考核指标、态度考核指标和周边协调部门评价指标，这三大类指标所占比重应该为6∶2∶2。要对这三大类指标进行细分，对每个要素所占权重做出规定。例如，工作任务考核指标包括工作效率、工作质量、工作强度，所占比重分别为$a\%$、$b\%$、$c\%$；态度考核指标包括缺勤率、工作积极性、工作责任心，所占比重分别为$d\%$、$e\%$和$f\%$；周边协调部门评价指标包括服务质量、反应时间、沟通能力、协作精神，所占比重分别为$g\%$、$h\%$、$i\%$和$j\%$。

根据上级领导以及横向考核结果对行政人员的月业绩考核成绩进行计算，计算公式为：

$$\text{月总成绩}=\mathrm{Sum}[(x\cdot a\%+y\cdot b\%+z\cdot c\%)\times 60\%+[(x\cdot d\%+y\cdot e\%+z\cdot f\%)\times 20\%+[(x\cdot g\%+y\cdot h\%+z\cdot i\%+w\cdot j\%)\times 20\%]$$

$$\text{年总成绩}=\sum\text{月总成绩}$$

然后可以根据业绩考核成绩将行政人员划分为不同的等级：总成绩在91分及以上的为A级；总成绩81～90分的为B级；总成绩71～80分的为C级；总成绩61～70分的为D级；总成绩小于等于60分的为E级。

◆绩效评估结果的应用

绩效考核完成后，可以用绩效考核结果来改进行政人员的工作绩效，完善薪酬分配，调整行政人员的职务，决定行政人员的去留，安排在职培训，对行政人员的职业生涯进行规划。行政人员的工资结构可以分为两部分，一部分是固定工资，另一部分是绩效工资。根据月度绩效考核结果，行政人员的工资分配如表7–7所示。

表7–7 各分值等级行政人员绩效工资分配情况

等级	分值	结果应用
A	91分及以上	增发绩效工资的20%，考虑晋升
B	81～90分	增发绩效工资的10%，考虑提供学习机会
C	71～80分	保持原定的绩效工资不变
D	61～70分	扣除绩效工资的10%，加强培训
E	60分及以下	扣除绩效工资的20%，考虑调换岗位或者辞退

除月度考核外，管理人员可以根据年度考核结果确定行政人员的年终奖金，制定下一年度的行政人员发展规划，如表7–8所示。

表7–8 行政人员的年终奖金

考核指标	满分	考核要素	满分	评价分值段	考评得分	备注
工作任务	60分	工作效率	20	20 15 10 5 1		
		工作质量	20	20 15 10 5 1		
		工作强度	20	20 15 10 5 1		
工作态度	20分	出勤率	5	5 4 3 2 1		
		工作积极性	5	5 4 3 2 1		
		工作责任心	10	10 8 6 4 2		

续表

考核指标	满分	考核要素	满分	评价分值段	考评得分	备注
周边协调	20分	服务质量	5	5 4 3 2 1		
		反应时间	5	5 4 3 2 1		
		沟通能力	5	5 4 3 2 1		
		协作精神	5	5 4 3 2 1		

7.2.3 打破绩效考核“大锅饭”

行政人员绩效考核“大锅饭”现象，指的是无论行政人员承担的任务量多还是少、工作质量好还是差，绩效考核结果都相差不大。这种现象可能是多种原因导致的，例如行政事务比较繁杂，没有明确的业务指标，无法进行量化考核；在绩效考核的过程中，考核人员的主观因素对绩效考核结果的影响较大；等等。

这种“大锅饭”现象会严重打击高绩效员工工作的积极性，助长行政部门的懒惰之风，无法将绩效考核的作用充分发挥出来，偏离绩效考核的初衷。那么，行政人员绩效管理要如何解决这一问题呢？

◆采用定量化指标衡量员工绩效，弱化打分人主观因素的影响

采用定量化指标衡量员工绩效，就是设置完全量化的KPI指标，利用数据进行考核，避免人为因素给考核结果造成不良影响。但需要注意的是，量化KPI指标的设置必须合理，防止行政人员在工作时投机取巧。例如英国电信对接线员进行业绩评估时有一个指标是“接电话会占用接线员多长时间”。但公司发现，如果管理者发现这一数据不理想，就会让接线员将电话设为占线，停止为顾客服务。所以后来英国电信取消了这一考核指标。由此可见，行政人员绩效考核指标的设定必须严谨、科学，以防员工为了让考核数据看起来更加完美而损害企业利益。

◆统一培训，获得行政人员的理解与配合

企业可以通过培训让员工主动根据绩效考核结果对自己的工作行为进行调整，主动配合人力资源管理部门的工作，将绩效考核与管理的作用充分发挥出来。在获得员工的理解与配合之后，企业可以适当地拉开差距，让能力强、完成任务更多的员工获得更高的评价，享受更高的薪资待遇与更好的职位晋升机会。

◆建立针对管理者的双向监督机制

建立针对管理者的双向监督机制可以减弱管理者主观因素对考核结果的不公正影响，所采用的方法主要有两种，如表7–9所示。

表7–9 建立针对管理者的双向监督机制的两种方法

方法	具体措施
建立员工反馈机制	为了解决绩效评估结果平均化这一问题，防止人才流失，一些企业建立了员工反馈机制，每半年企业会委托第三方进行一次员工满意度调查。调查以匿名的方式进行，保证能够获得相对客观公正的结果，然后将员工满意度与部门管理者的绩效挂钩，让管理者认识到保证绩效评估公正、客观的重要性，减弱管理者主观因素对绩效评估结果的干扰
使用360°评估法	360°评估法指的是让行政人员的直接上级、间接上级、同级、下属共同参与绩效评估，再加上自我评估，得出最终的绩效评估结果。通过不同的评估主体从不同角度给出的评估结果，可以比较客观、真实地反映员工的绩效水平。但这种方法也存在一定的缺陷，例如有可能出现小团体主义倾向，导致评估结果出现偏差。但目前，360°评估法是应用范围较广、能够得出相对客观的评估结果的一种方法

◆二次考核，确保绩效考评结果服从正态分布

顾名思义，二次考核就是进行两次绩效考核，让最终的考核结果服从正态分布。具体来看，二次考核可以分为两个层面，一是针对中层管理者的考核，二是针对一般员工的考核。具体分析如下：

（1）针对中层管理者的考核。第一次考核先由下属进行评估打分，按照评分高低对中层管理人员进行排序，这个顺序是由中层管理者所在

部门的员工决定的；第二次考核由中高层管理者进行评估打分，其中高层管理者的评分权重为60%，中层管理者的评分权重为40%。具体考核流程为：

- 步骤1：由下属进行第一次评价生成排名，让排名前50%的人进入第二次考核，再次按从高到低的成绩排名，生成排名前20%的人的名单。
- 步骤2：第一次评价排名中后50%的人进入第二次考核，按照从高到低的顺序进行排名，生成排名后20%的名单。其余的就是中间60%的人员。

（2）针对一般员工的考核。第一次考核先让员工之间进行互评，按照最终考核结果从高到低进行排序；第二次考核由直接主管进行评价，取第一次考核的前30%进行前20%的评定，取第一次考核的后30%进行后20%的评定，其余的就是中间60%的人员。

总而言之，行政人员的绩效管理与考核是一个非常复杂的问题。企业要根据自己的实际情况、绩效管理目的来选择合适的方法，保证考核结果客观公正，合理分配绩效奖金，树立榜样，让优秀人才脱颖而出，达到绩效管理的目标。

7.3 财务岗位的绩效管理

7.3.1 财务岗位绩效管理的内容

财务岗位的绩效管理是企业绩效管理的重要内容，不仅可以提高财务人员的综合素质与工作效率，还能激发财务人员的工作热情，提高财务人员的工作质量。因此，对于企业来说，建立一套面向财务人员的绩效管理体系，不仅是时代发展的必然要求，还是推动自身发展的重要保障。

◆财务岗位绩效管理系统

一个完整的财务岗位绩效管理系统至少要涵盖五大内容，如表7–10所示。

表7–10 财务岗位绩效管理系统的五大内容

主要内容	具体描述
设计绩效指标	即财务部经理为每个岗位设计绩效管理重点与考核标准
绩效指标沟通	即财务部经理围绕绩效管理重点和衡量标准与员工沟通交流，探讨实现绩效管理目标的各种方式
开展绩效辅导	即财务部经理在日常工作过程中为员工提供辅导，辅助员工完成绩效管理目标，并对绩效管理过程进行指导，防止出现偏差
绩效结果考评	即财务部经理对员工的绩效完成情况进行考评打分，兑现奖励
绩效诊断提高	即财务部经理与员工针对绩效考评结果进行总结，提出改进工作、提高绩效的方法与策略

只有做到上述五点，才能创建一个完整的绩效考评方案。

◆财务岗位绩效管理的前提

（1）明确财务岗位的目标与任务。一般来说，财务岗位的目标与任务如表7–11所示。

表7–11 财务岗位的目标与任务

目标与任务	类别	具体内容
目标	—	以经济有效的方法为企业提供高质量的管理信息、专业服务与业务控制，满足公司业务发展需求
	—	财务部门的基本目标与公司的基本目标大体一致，就是让股东权益实现最大化

续表

目标与任务	类别	具体内容
任务	会计报告	遵守相关法律法规、履行公司义务的同时，为内外部客户提供所需的会计信息
	财务控制	向经营部门或业务单元提供财务管理支持与监控，提高其运作效率，降低其运作风险
	决策支持	为公司经营决策提供高质量的财务策划支持
	资金管理	对企业的资金流进行科学管理，从资金方面为各项业务的发展提供最大支持
	风险控制	完善财务管理流程，建立风险控制制度，使企业的各项资金得到充分利用，降低企业运营风险
	财务能力	即便面对纷繁复杂的外部环境，依然能够保持较高的绩效水平

（2）基础管理工作。企业财务部的组织结构比较复杂，最高级别的领导可能是财务经理，中层管理者包括财务秘书、资金主管、主管会计、预算主管等，基层员工可能包括出纳、销售会计、成本会计、费用会计、税务会计等。在开展绩效管理之前，财务部必须明确每个岗位的工作职责，包括具体做哪些工作，向谁汇报等，让每位员工明确自己的工作目标。

7.3.2 财务岗位的绩效标准设计

财务岗位绩效管理的有效性在很大程度上取决于绩效考核指标设计的合理性，财务岗位绩效考核指标的设计不仅要遵循一定的原则，而且要遵循一定的标准分层设计，做到全面、客观、有针对性。具体分析如下：

◆财务岗位绩效考核体系设计原理

财务岗位绩效考核体系的设计必须与企业既定战略目标相契合，从不同维度设计绩效考核指标，包括工作完成情况、工作能力、工作态度、自主学习能力等，对员工的工作行为与业绩进行评估，利用评估结果对员工的工作行为与工作绩效进行预测，对员工进行纠错或引导，形成一套科学合理的绩效考核体系。

◆考核指标设置

（1）业务考核指标。财务岗位的业务考核指标可以从五个方面提取，如表7-12所示。

表7-12 财务岗位业务考核指标提取方式

提取方式	具体方法
公司战略分解	通过对公司战略以及公司年度经营目标进行分析，提取财务部门的绩效考核指标。另外，如果公司级的绩效考核指标适用于财务部门，也可以用作财务部门的绩效考核指标
部门工作计划	对财务部门的年度工作计划进行分解，明确各岗位的年度重点工作任务，根据工作内容提取绩效考核指标
岗位核心价值	根据财务部门各岗位的具体工作内容，对各岗位的核心价值进行分析，提取相应的绩效指标。因为在财务部门的各项工作中，基础性工作所占权重超过了80%，所以在绩效考核的过程中可以根据各岗位特性制定差异化的考核方案
其他交办工作的完成情况	因为财务岗位的性质比较特殊，各项工作都强调程序性与制度性，所以很难通过基础性工作的完成情况对员工的工作成绩做出准确判断。更科学的方法是对员工完成临时布置的任务的情况进行考评，包括完成时间、完成结果等。因此，在考核指标中可以针对其他交办工作的完成情况设置一个临时工作完成情况考核项
加分项目	为了将绩效考核对财务人员的激励作用充分发挥出来，可以从工作技能提升、突出贡献、其他表现等维度设置加分项，加分项的分数可以根据实际情况设置，控制在0.1～0.5分，只要能达到鼓励员工提升个人技能、做好本职工作的目的即可

（2）行为考核指标。财务部门员工的行为考核指标可以设置为五个，分别是敬业精神、执行力、跨部门合作、部门内部合作、创新精神，所占权重分别为20%、40%、20%、10%、10%。在绩效考核时，要根据员工的日常表现进行综合评定。

（3）其他奖罚。除了严重违规、招致投诉、资金损失等指标外，企业可以根据财务部门的实际情况增加其他的奖罚考核指标，让绩效考核指标的设置更加完善。

◆绩效评价标准的设置

在完成绩效考核指标的设计之后，要针对各个指标设计评价标准，如表7–13所示。

表7–13　绩效评价标准设置

分值	评分标准
100分	出色，工作绩效超出常规标准，具体表现如下：在规定时间内超额完成任务，质量超出规定标准，获得服务对象的高度评价，给公司带来超出预期的收益
80~99分	优秀，工作绩效超出常规标准，具体表现如下：严格按照规定时间完成任务，任务完成数量与质量超出规定标准，服务对象满意，超出公司预期目标
60~79分	良好，工作绩效达到常规标准，具体表现如下：基本达到工作标准，服务对象没有表示不满，达到公司的预期目标
40~59分	需改进，工作绩效基本达到常规标准，具体表现如下：偶有疏漏，有时工作任务完成数量、质量等达不到工作标准，经常突击完成工作任务，经常招致投诉，给公司造成较大损失
20~39分	不良，工作绩效达不到常规标准，具体表现如下：工作中出现较大失误，工作完成数量、质量、时间等与工作标准相距甚远，经常突击完成任务，经常招致投诉，给公司造成较大损失
0~19分	不合格，工作绩效达不到常规标准，具体表现如下：工作中出现较大失误，工作完成数量、质量、时间等与工作标准相距甚远，因主观原因没有完成任务，招致重大投诉，给公司造成较大损失

可以根据上述规则对应的情况对各指标的评价标准进行设计。设计一套具体的评价标准，不仅可以对财务人员的工作做出科学评价，而且可以对部门员工的工作进行科学指导。在制定绩效考核标准时，相关人员应考虑标准设置的必要性以及可达成性。从原则上来讲，绩效考核指标与标准最好由人力资源管理部门与财务部协商制定。因为只有财务部员工充分了解各项考核指标的内容，才能更好地完成工作、达到绩效目标。为了体现

绩效考核的公平性，财务部门对相同考核指标的评价标准必须保持一致。

7.3.3 各财务岗位绩效指标设定

财务部门有不同的岗位，这些岗位承担的工作不同，适用的绩效指标也不同。因此，绩效管理人员要针对不同的岗位设计不同的绩效指标，具体分析如下：

◆财务经理绩效考核指标

财务经理的绩效考核指标不能少于3个，不能多于5个，可以设定为收入预算、利润预算、应收账款、现金流、员工满意度五大指标，各指标所占权重分别为20%、30%、20%、20%和10%，如表7–14所示。

表7–14 财务经理绩效考核指标

序号	考核指标	权重
1	公司收入预算完成	20%
2	公司利润预算完成	30%
3	应收账款缩减幅度	20%
4	保证公司资金流顺畅	20%
5	员工满意度提升	10%

◆主管会计绩效考核指标

主管会计的绩效考核指标可以设定为5个，分别是财务部绩效、审计报告、会计差错、结账加班、会计满意度，所占权重分别为30%、20%、20%、20%和10%，如表7–15所示。

表7–15 主管会计绩效考核指标

序号	考核指标	权重
1	财务部绩效目标综合完成率	30%
2	审计报告完成情况	20%

续表

序号	考核指标	权重
3	会计差错同比下降	20%
4	结账加班时间同比减少	20%
5	下属会计满意度提升	10%

◆销售会计绩效考核指标

销售会计的绩效考核指标可以设定为5个，分别是主管绩效、应收账款、收入规范、风险管理和内部客户满意度，所占权重分别为20%、30%、20%、20%、10%，如表7-16所示。

表7-16 销售会计绩效考核指标

序号	考核指标	权重
1	主管会计工作目标综合完成率	20%
2	应收账款减少	30%
3	销售收入政策更加规范	20%
4	资金风险得到了有效管理	20%
5	内部客户满意度显著提升	10%

7.3.4 财务岗位绩效考核的实施

绩效考核体系只有落地实施才能发挥出应有的作用，否则就只能流于形式。具体来看，财务岗位绩效考核的实施要做到以下几点：

◆财务岗位绩效考核实施要求

财务人员绩效考核体系设计不能流于形式，各个指标的设计要合理。这就要求在实际考核的过程中，考核人员要严格按照绩效考核体系中的各项指标进行考核，增进与被考核财务人员的沟通与交流，在双方自愿的基础上进行考核。如果考核人员发现绩效考核体系存在问题，要及时上报，针对问题进行调整与修改，保证绩效考核结果的科学性、合理性。总之，绩效考核体系必须严谨，必须将每一位财务人员的工作情况真实、客观地反映出来，对财务人员产生正向激励，使其团结一致，在绩效考核体系的指导下为了部门战略目标的实现以及公司战略目标的实现而努力。

◆财务岗位绩效考核的实施

财务岗位的绩效考核不能纸上谈兵，在设计了一套科学的绩效考核体系之后必须付诸实践，通过实践验证绩效考核体系的合理性。因为只有经过实践检验证明切实可行的绩效考核指标体系才能真正起到激励作用，因此，在绩效考核的过程中，对考核过程进行监督、管理，根据指标体系总结评价结果是关键。为了做好这一点，必须按照理论模型对绩效考核体系进行设计，将其一步步付诸实践，具体操作流程如图 7–3 所示。

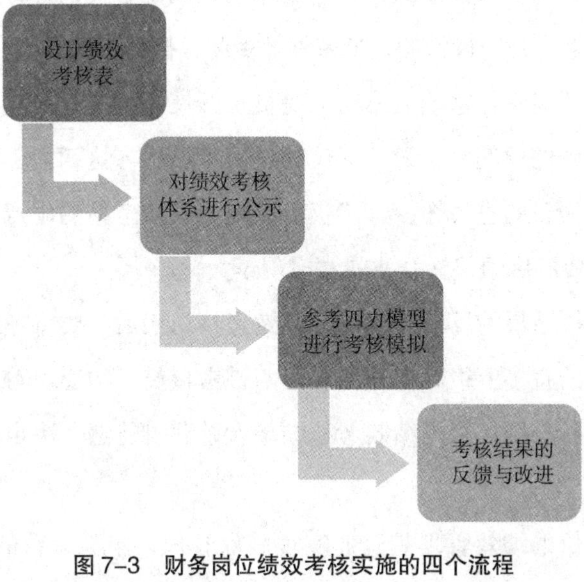

图 7–3 财务岗位绩效考核实施的四个流程

（1）人力资源管理部门与财务部门协商设计绩效考核表，召开会议宣传绩效考核的重要性，让财务部员工增强对绩效考核的重视程度，然后将绩效考核指标打印出来分发给每一位员工，让员工明确自己的岗位职责，了解绩效考核要求。

（2）绩效考核前要对绩效考核体系进行公示，对员工进行培训，在考核过程中要加强监督与被监督。在绩效考核结束后，财务部可以召开会议就绩效考核结果进行交流讨论，对会议结果进行分析整理，对绩效考核体系进行修改完善，并将调整后的绩效考核方案及时发送给各岗位员工。

（3）参考四力模型进行考核模拟，考核结果不与薪酬挂钩，将绩效考核的作用充分发挥出来。四力模型是由保罗·劳伦斯和尼廷·诺里亚提出的，具体指获取（Acquire）、结合（Bond）、理解（Comprehend）和防御（Defend）。其中，获取指的是获得稀缺物品，例如社会地位等；结合指的是个人与群体建立联系；理解指的是满足人们的好奇心，让人们了解周围的世界；防御指的是抵御外部威胁，推动正义。

在工作环境中，这四大驱动力是员工开展一切行为的基础，是驱动员工努力工作的原动力。财务岗位的绩效考核融入这四力，以实现员工的情感需求为目的进行考核，不仅可以提高绩效考核的满意度，而且可以减少不必要的麻烦，让企业效益实现最大化。

（4）考核结果的反馈与改进。绩效考核结束后，要将考核结果交给被考核员工的直接上级，由直接上级与被考核员工沟通，对过去一段时间的工作进行总结，根据绩效考核结果调整薪酬待遇，决定岗位升迁等事宜。

财务岗位的绩效管理是企业实现高效管理、平稳运营的重要工具。人力资源管理部门要结合当代最新的财务人员绩效管理案例，对绩效考核体系进行大胆创新，增加一些先进的技术元素，确保绩效考核体系的实操性，利用绩效考核体系对财务部门各级员工的工作情况做出科学衡量，以提高财务管理质量与效率，为实现企业产值最大化探索一条有效路径。

7.4 销售岗位的绩效管理

7.4.1 销售人员的绩效管理建议

销售部门作为最前端的业务部门，为公司创造了源源不断的收入，是大多数公司的核心部门。因此，从某种程度来看，销售人员的绩效管理成效直接影响着企业的生死存亡。要想做好销售人员的绩效管理，首先要了解销售人员的特点。

◆销售人员的特点

一般来说，企业的销售人员具有三大特点，如图7–4所示。

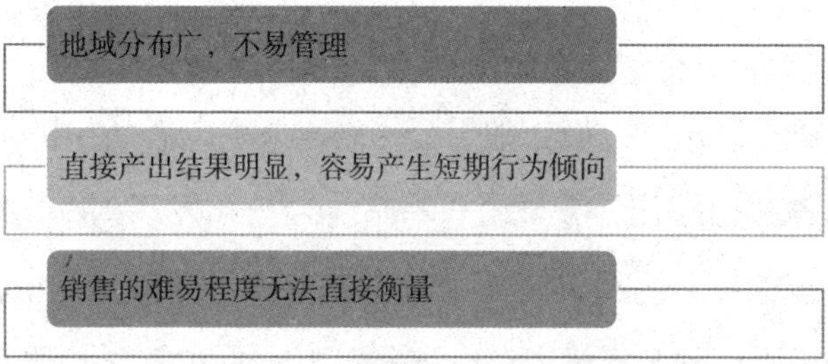

图7–4 企业销售人员的三大特点

（1）地域分布广，不易管理。很多公司的销售业务遍布全国甚至全球，销售人员也分布在全国各地甚至全球各地，长期不在公司，给绩效管理造成了很大的困难。

（2）直接产出结果明显，容易产生短期行为倾向。销售行为可以直接产生经济效益。一些公司为了激励销售人员，会按照固定工资+销售提成的方法计算收入，导致一些销售人员为了在短期内获取较高收入而采取短期行为，例如坑骗顾客等，从长期看将给公司造成巨大危害。

（3）销售的难易程度无法直接衡量。不同的客户群体、不同的销售区域，销售难度存在巨大差异，很难通过绩效考核指标进行衡量。

◆关于销售人员绩效管理的建议

基于销售人员的种种特点，对销售人员的绩效管理提出如下建议：

（1）文化和意识方面。在文化与意识方面，销售人员的绩效管理要做到三点，如表7–17所示。

表7–17　文化与意识层面的绩效管理

措施	具体内容
强化企业文化培养	通过企业文化培养，增强销售人员的自我管理能力，对企业品牌形象塑造产生积极的推动作用
长期思维意识培养	培养销售人员的长期思维，可以让销售人员站在客户角度思考问题，发现优秀的销售人员
建立过程思维	销售业绩考核大多只看结果，导致销售人员可能为了短期利益做出短视行为，损害公司的长期利益。培养销售人员的过程思维可以有效解决这一问题

（2）绩效机制执行方面。如果公司刚刚成立或者处在快速发展阶段，可以直接将销售结果作为绩效考核指标。当公司发展到一定阶段，可以适当增加考核指标，进行多指标考核。需要注意的是，对销售部门负责人与一线销售人员的多指标考核应该采取不同的方法。

★销售部门负责人。销售部门负责人的主要工作职责是带领整个销售团队完成销售目标，因此在绩效考核方面可以采取“季度绩效、年度业绩提成”的模式，其中季度绩效所占权重应该较大。以某公司分区域销售总监的绩效考核为例，如表7–18所示。

表7–18 某公司分区域销售总监绩效考核表

被考核人：	岗位：		所属区域：		所属部门：	
指标	分值	目标值	实际完成情况	自评分	评分	评分说明
销量	40%					
有效新客户数量	10%					
专家推进计划完成率	20%					
客户满意度	20%					
加分项	对公司做出突出贡献，根据实际情况酌情加分					
扣分项	做出违规违纪行为，给公司形象、声誉造成不良影响，根据实际情况酌情扣分					
总分		打分人		人力资源部核定（盖章）		

★一线销售人员。一线销售人员的绩效考核一般以月为单位或者以季度为单位，绩效考核指标尽可能多元化，除直接的销售业绩指标外，可以适当加入一些过程性指标，例如客户拜访、客户投诉、专项工作推进等。这些指标可以在一定程度上抑制销售人员以结果为导向的销售行为，让销售工作健康有序地开展。

（3）员工发展方面。在员工发展方面，销售人员的绩效考核要做到以下几点：

★赛马不相马。赛马不相马是海尔集团CEO张瑞敏提出的一个观点，意思是给销售人员提供一个比赛场地，明确比赛目标，公开比赛规则，谁能跑在前面全凭个人本事。这个观点旨在为员工提供一个公平竞争的机会，让员工自行成才，避免伯乐相马的主观性和局限性。使用这个理念对销售人员进行绩效管理，有利于做好销售人员的培养，助其成才。

★定期由资深销售人员进行经验分享。销售工作讲究技巧，可以定期让优秀的销售人员在企业内部分享经验，提升整体的销售水平。为了鼓励优秀的销售人员主动分享技巧与经验，可以将分享经验设为一项绩效考核指标。

★ 鼓励专业人员转做销售。相较于普通的销售人员来说，专业人员做销售有天然优势，他们更了解产品及产品使用技术，可以为客户做更专业的讲解，更容易获取客户信任，达成交易。为了鼓励专业人员做销售，公司可以在保持专业人员基本工资不变的基础上，额外增加销售提成。

7.4.2 企业销售人员绩效考核方案

在一家企业中，销售人员的绩效考核方案与政策决定了其发展方向。很多时候，企业之所以无法达到既定的销售目标，就是因为销售人员的绩效考核方案出现了问题，对销售人员的引导方向发生了偏离。为了对销售人员产生正向引导，企业应该如何设计销售人员的绩效考核方案呢？

◆制定合理的绩效考核指标

很多企业的销售人员绩效考核指标都是沿用常规指标，没有根据实际情况以及战略目标设计适合本企业的绩效考核指标，合理地安排各项指标所占权重。还有一些企业为了对销售人员进行全面考核，设计的绩效考核指标涵盖范围极广，涵盖的内容非常丰富，反而导致绩效考核没有重点，分散了被考核者对重点考核指标的关注度。为了避免这种情况发生，企业在设计销售人员绩效考核指标时要充分体现企业的战略意图，根据企业面对的市场情况设计绩效考核指标，对各指标的权重进行合理分配。

使用平衡计分卡对销售人员的绩效考核指标进行设计，可以将其指标归为四类，如表7-19所示。

表7-19 用平衡计分卡设计绩效考核指标

指标类型	具体内容
财务类指标	主要包括销售收入完成率、销售收入增长率、销售回款完成率、市场占有率、销售成本控制达成率等
客户类指标	主要包括新客户开发数量、老客户流失数量、陌生客户拜访数量、每百次访问平均得到的订单数、客户满意度等
内部运营类指标	主要包括销售工作总结质量等
学习与成长指标	主要包括工作能力评价指标、工作态度评价指标等

为了体现绩效考核的重点，人力资源管理人员可以重新对上述考核指标进行分类，将其划分为两大类，一类是考核结果类指标，另一类是考核过程类指标。其中，考核结果类指标包括销售收入完成率、销售收入增长率、销售回款完成率、市场占有率、销售成本控制达成率、每百次访问平均得到的订单数、新客户开发数量、老客户流失数量等，用来评定销售人员的工作成绩；考核过程类指标包括陌生客户拜访数量、客户满意度、销售工作总结质量、工作能力评价指标、工作态度评价指标等，可以用来评价销售人员工作的努力程度。

除此之外，为了增强销售人员的团队意识，鼓励其培养团队，人力资源管理人员可以专门设置一些考核指标，包括团队销售收入完成率、团队销售收入增长率、下属销售收入完成情况、下属培训情况等。总而言之，销售人员绩效考核指标的设置必须有重点、有目的，要根据企业的实际情况来设计，不能千篇一律。

◆制定合理的绩效考核指标目标值

很多企业没有对历史数据进行系统分析，或者对市场未来发展的判断出现了偏差，导致绩效考核目标值的设计出现了比较严重的问题。有些指标的目标值设计得明显过高，导致销售人员无论付出多大努力都无法完成目标，从而失去工作的积极性；有些指标的目标值设计得明显过低，销售人员可以轻松地完成目标，拿到奖金，导致销售人员的奖金额大幅提升。

如果企业因为支付的奖金过多而拒绝兑现承诺，就会失去销售人员的信任，导致销售人员大量流失，尤其是优秀的销售人员。因此，在对销售人员进行绩效考核时，只有准确设定绩效考核指标的目标值，才能对销售人员起到应有的激励作用。

要想准确设定绩效考核指标的目标值，企业必须对销售人员绩效考核的历史数据进行深入研究，总结历史经验，明确可能对销售人员绩效考核产生较大影响的因素，根据历史数据在销售收入与各种影响因素之间建立模拟函数关系，据此对企业未来一年的销售数据进行预测，让绩效考核的目标值设定更加准确，将绩效考核的激励、引导作用充分发挥出来。

◆制定合理的绩效考核周期

相较于前面两个问题，销售人员绩效考核周期设置不合理这一问题的出现频率不是很高，主要出现在一些新兴企业。为了保证绩效考核周期设计的合理性，相关人员需要深入研究企业产品的特点，有针对性地进行设计，不能一概而论。

有的产品从售出到拿到货款需要经历一段较长的时间，或者因为产品价格较高，从开始接触客人到成交需要较长时间。对于这类产品，绩效考核周期应该适当延长。而有的产品销售速度极快，在很短的时间内就能实现大批量出货。对于这类产品，绩效考核周期应当适当缩短，从而对销售人员产生较好的激励作用。

在企业的经营活动中，销售是一个非常重要的环节，是决定企业经营成败的关键。只有针对销售人员制定一套合理的绩效考核方案，才能对销售人员产生正向激励作用，提高销售业绩，为企业带来源源不断的收益。

7.4.3 “三阶二维一统”绩效考核法

企业销售人员的绩效考核面临的问题非常多，如果固定工资低，企业很难招募到优秀的销售人员；固定工资高，又会导致一些销售人员坐收底薪，不努力工作；提成低会降低销售人员开拓新市场的积极性；提成高又会加大企业的经济负担，不利于企业的健康发展。面对这些问题，有人提出一套“三阶二维一统”绩效考核法，具体分析如下：

销售人员的绩效考核目标非常简单，大体有三个：第一，让有限的人力、财力等资源发挥出最大的效用；第二，让市场实现可持续发展；第三，促进销售团队建设。

销售人员的绩效考核必须经过详细的测算才能确定，具体依据如下：

★销售目标，包括销售额、回款总目标、对总目标进行分解后的团队目标等。

★财务预算，包括销售团队薪资、销售费用率等。

★人力资源状况，包括人力资源丰富程度、团队规模等。

具体来说，“三阶二维一统”绩效考核法的操作方法如下：

◆“三阶”：销售团队的绩效应具有变化性

“三阶”指的是销售团队的绩效考核要具有变化性，即要根据市场开拓阶段、发展阶段、成熟阶段的不同特点，制定三种不同的绩效考核方案。另外，企业每年都要对绩效考核方案进行调整，即要为绩效考核方案设置有效期，一般为一年，然后根据需要就某一关键考核指标做出长期承诺，对其他考核指标进行调整、完善。

◆ “二维”：销售团队的绩效考核组成

“二维”指的是销售团队的绩效考核由销售过程的考核和销售结果的考核组成，最终通过一系列制度体现出来，如表7-20所示。

表7-20 销售团队绩效考核的两个维度

考核维度	具体内容
销售过程的考核	包括对销售人员工作态度的评价、客户联络情况、信息反馈等的考核。销售过程的考核以月为单位，与基本工资的20%挂钩
销售结果的考核	包括销售奖励，即提成或其他与销售指标有关的奖励工资，以及销售完成率、收款及时性等与销售结果密切相关的指标等

◆ “一统”：要注意变化性及差异性的平衡

“一统”指的是要注意绩效考核指标变化性与差异性的平衡。如果销售人员的绩效考核设置了差异化的政策，至少要设置一个关键的统一指标，以化解团队成员之间的矛盾。例如，如果企业对各个市场的开拓比较均衡，可以统一提成比例；如果对各个市场的开拓不均衡，无法统一提成比例，可以统一销售年薪，即完成销售指标设定的年薪，不是固定年薪。

另外，在销售人员的薪资设置中，也要掌握平衡。例如，在市场开拓的过程中，如果企业要调低基本工资或者提成比例，要提前在绩效考核方案中明示，并将前期的高点设置成补贴。如随着市场逐渐成熟，企业要降低基本工资，应该提前将市场开拓阶段的基本工资设置为成熟阶段的基本工资+开拓阶段的补贴，以免基本工资降低导致销售人员大量流失。

虽然要注意绩效考核指标的统一性，但销售人员的绩效考核也应该具有一定的差异性，这种差异性主要表现在两个方面：

第一，面对的市场情况不同，考核标准的设置也要有所不同。例如，

A和B两个销售团队按计划开拓两个区域的市场。A团队开发的市场需求量大，轻而易举地完成了开拓计划；B团队开发的市场需求量小，开拓艰难，但又不能轻易放弃。在这种情况下，A团队、B团队要执行不同的提成标准，以保证绩效考核的公平性。

第二，面对不同的人力资源状况，绩效考核方案也应有所不同。销售团队的人员充足，可以执行比较严格的绩效考核方案，以达到优胜劣汰的目的，优化销售团队；但如果销售团队的人员匮乏，就要执行比较宽松的绩效考核方案，以达到吸引人才、壮大销售团队的目的。

由此可见，销售人员的绩效考核不能一成不变，也不能一概而论。企业要根据自己的实际情况，按照一定的周期对绩效考核方案进行调整，将绩效考核对销售人员的激励作用充分发挥出来。